LEUR SIXIÈME SENS

DU MÊME AUTEUR

Pas si bêtes, J.-C. Lattès, 1986
Le Grand Momot, Belfond, 1990
Être mère, c'est galère, Plon, 1994
Le Dépit du gorille amoureux et autres effets de la passion dans le règne animal, J.-C. Lattès, 1998
Questions d'amours, Éditions du Garde-Temps, 2000
La Vie rêvée des bêtes, Éditions Michel Lafon, 2003

MARIE-CLAUDE BOMSEL

LEUR SIXIÈME SENS

Les animaux sont-ils plus « sensés » que nous ?

Avec la collaboration de
Lorraine Collard

Michel LAFON

Directeur de collection
Éric Portais

7-13, boulevard Paul-Émile-Victor – Île de la Jatte
92521 Neuilly-sur-Seine Cedex

– Prologue –

NON, LES ANIMAUX NE « RESSENTENT » PAS LE MONDE COMME NOUS !

Myope comme une taupe, muet comme une carpe, bête comme une oie, têtu comme un âne... Mais pourquoi voulons-nous à tout prix que les animaux nous ressemblent ? Ils vivent à nos côtés, en commensaux pour ceux que nous avons domestiqués, et plutôt en concurrents pour ceux qui ont pu, ont dû ou su rester sauvages... Mais peu importe leur statut, tous ont hérité, dans notre imaginaire, des vices et vertus que nous leur prêtons. Il vaut mieux être aigle pour avoir le bon œil, vipère ou aspic pour avoir une langue mal pendue. Si on est éléphant on a de la mémoire, si on est renard on est rusé, l'anguille sera souple, le moineau sans cervelle, la couleuvre paresseuse...

Enfermé dans son monde personnalisé et de plus en plus citadin, si ce n'est civilisé, l'homme admet mal que l'animal ne corresponde pas au schéma préétabli qu'il a édifié depuis des siècles. En fait, il cherche la petite bête à de pauvres bêtes qu'il ne connaît guère. Et si les animaux en question révèlent des facultés que les humains n'ont pas, alors là... le pauvre homme est complètement perdu !

Un poisson qui s'agite dans son bocal avant un tremblement de terre, un chien qui gratte à la porte bien avant l'arrivée de son maître, un éléphant qui s'enfuit sans que nous n'ayons détecté un tsunami qui s'approche des côtes... Les animaux auraient-ils quelque chose de plus que nous ? Jouiraient-ils, en quelque sorte, d'un « sixième sens » ? Et de donner tout de suite au mot un sens surnaturel qui n'a rien à voir avec nos sens communs.

Nous, les hommes, nous avons cinq sens : la vue, l'ouïe, l'odorat, le goût, le toucher. Grâce à eux, nous connaissons le monde qui nous entoure. On en est sûrs et certains... Ou presque, car nous appréhendons notre quotidien par l'ensemble des cinq sens – même si, selon les situations, l'un ou l'autre prédomine. En effet, souvent ces sens sont sollicités et interagissent en même temps. Ils sont ensuite relayés puis décryptés par notre cerveau qui va alors ordonner, coordonner nos sensations puis impulser nos réactions. Je sens l'odeur de la miche de pain chaud, je la vois bien ronde et craquelée, je touche et j'écorne sa croûte rugueuse, je tartine un zeste de confiture et, soudain, j'ai faim, je mange goulûment... Toute une succession de sensations et de réactions pour un simple bout de pain ! La vue, l'odorat, le toucher, le goût interviennent, et il est même probable que le bruit de la tranche que l'on tartine a été discerné.

Or croyez-vous que votre chat installé sur la table à côté de vous éprouve de pareilles sensations ? Rien n'est moins sûr, même si nos animaux de compagnie chats et chiens, très intégrés dans notre monde, quémandent souvent pour manger « comme nous ». En revanche, votre chat peut et va dans quelques instants détecter le sachet de croquettes resté au fond du placard et dont vous avez complètement oublié l'existence. Un « sixième sens » ? Non, un bien meilleur odorat, plus fin, plus orienté, et un goût distinct du nôtre.

Tous les sens primaires – particulièrement l'odorat et le goût, qui sont d'ailleurs liés – se travaillent, évoluent et diffèrent selon les cultures et les espèces. Car il y a des limites naturelles à ne pas dépasser. Le chat et même le chien, pourtant plus omnivore, préféreront et surtout repéreront prioritairement le plat conçu pour eux plutôt que votre pain, même chaud. Sinon à quoi cela servirait-il que les marchands de nourriture pour animaux se décarcassent ? Ces industriels possédant, bien entendu, dans leurs laboratoires et usines, des testeurs félins et canins à long nez !

À la question primordiale « voyons-nous le monde de la même façon que les animaux ? », il est pour une fois facile de répondre : absolument pas. Sérieusement, croyez-vous un instant que lorsque vous regardez une vache paître dans un pré, vous voyez la même herbe qu'elle ? Le même troupeau que le chien qui la surveille ? Le même animal que la mouche qui se pose sur sa croupe ? Le même paysage que l'oiseau juché sur la branche de l'arbre qui borde son enclos ? Autant d'intérêts différents, autant de sens et de cerveaux différents, autant d'évolutions différentes.

Chaque animal s'est adapté à un mode de vie particulier, et ce, en fonction d'un milieu qui lui-même se modifie. Son adaptation configure son anatomie, ses sens, son cerveau, les informations qu'il reçoit, la façon dont il va les traiter : il vit dans un monde qui lui est propre et qu'on appelle subjectif. Voilà ce que nous a appris la théorie appelée *Umwelt*, proposée dans les années trente par un naturaliste allemand, Jakob von Uexküll, et qui prévaut toujours actuellement. On sait donc cela depuis trois quarts de siècle, mais on continue de préférer la légende selon laquelle nos chères bêtes – domestiques ou sauvages – réagiraient comme nous.

*
* *

Maintenant, qu'en est-il de ce fameux « sixième sens » qui nous fait tant fantasmer ? Dans l'univers scientifique, on parle plutôt non seulement de sixième, mais aussi de septième, huitième, neuvième sens et plus. Électrique, magnétique, barométrique et autres qualificatifs : ces adjectifs barbares recouvrent des phénomènes presque tous répertoriés, même s'ils ne sont pas toujours complètement élucidés. Pour nombre d'entre eux, ils le seront probablement plus tard. Restera « l'inexplicable » : pour les uns une incapacité de notre cerveau à aller, pour l'instant, au-delà d'un certain seuil de connaissance, pour d'autres des interventions quasiment magiques.

Revenons au dramatique raz de marée survenu en décembre 2004 en Asie, lequel a provoqué plusieurs centaines de milliers de morts chez les humains alors qu'on n'a pratiquement pas retrouvé d'animaux sauvages morts ou accidentés. Même si certains ont été eux aussi emportés par les flots, de nombreuses espèces comme les éléphants, les oiseaux ou les chauves-souris ont montré des signes de « prescience » face au cataclysme. Et tout de suite on a ressorti le célèbre « sixième sens » animal. Enfermés que nous sommes dans notre univers sensoriel rétréci par rapport à celui de bien d'autres créatures vivantes, de plus en plus ignorants ou, pire, indifférents à la nature et aux lois qui la régissent, nous invoquons facilement le surnaturel.

En fait, que s'est-il passé ?

Les ondes du séisme qui se propagent à plus ou moins quinze mille kilomètres à l'heure dans les roches, la modification de la position de la Terre sur son axe, un jaillissement d'ondes électromagnétiques – concomitantes au soulèvement du fond de la mer – ont engendré des trains d'ondes sonores et vibratoires que, contrairement aux animaux, nous sommes incapables de détecter sans l'aide d'instruments... Avec, sans doute, bien d'autres phénomènes qui nous ont échappé et sur lesquels nous nous interrogeons encore.

Pas les animaux. Eux ont tout simplement *ressenti* l'alerte ou le danger, puis se sont enfuis ou protégés en se cachant au mieux. Le cerveau a été créé initialement pour agir et non pour réfléchir ! L'homme l'a oublié, comme il a trop souvent méprisé la nature dont il est issu. Les cris d'alarme des oiseaux, le silence qui a suivi, l'inquiétude des pachydermes, la sortie des insectes et bien d'autres signaux auraient pu être, si ce n'est interprétés, tout au moins remarqués par les hommes. Or il n'en a rien été.

La nature s'est malencontreusement vengée de notre indifférence. Nous verrons dans ce livre les hypothèses reposant sur les différents moyens de communication employés entre les bêtes. Pour l'instant, disons simplement que, malgré la divergence de leurs sens et leurs cerveaux plus ou moins évolués, elles ont été mieux informées que nous, pourtant parés de tous nos moyens de mesure performants. Souhaitons que cette rude leçon nous soit profitable.

Quoi qu'il en soit, on a tout de suite crié au miracle, évoqué les « extraordinaires » réactions des animaux sauvages et ce mystérieux sixième sens qui les apparente, dans notre esprit « borné », à autant de Madame Irma de l'univers.

Pourquoi ? Parce que dans notre naïf orgueil – et sans doute à cause de l'affection et de la fascination qu'ils nous inspirent –, nous n'arrivons pas à admettre que les animaux soient différents de nous. Donc, au lieu de chercher à comprendre, nous invoquons l'ésotérisme. Alors que nous estimons normal que les astronomes connaissent tout du « trou noir » (dont la plupart d'entre nous ignorent la signification) et que les généticiens puissent flirter avec l'ADN et l'ARN sans pour autant être des devins, nous ne saurions accepter que les animaux, dans leurs « spécificités », nous dépassent autrement qu'en étant des sorciers. Pourtant, dans un domaine plus matérialiste, qui aurait l'idée de conférer un pouvoir surnaturel au garagiste qui répare une voiture en panne que nous sommes incapable de remettre en route ? Qui irait chercher Dieu dans une machine à laver, même si l'on sait rarement comment ça marche ? Alors pourquoi vouloir à tout prix attribuer des pouvoirs supranaturels à ces chers animaux ?

Parce que, dans tout ce qui touche au vivant (et les animaux sont des êtres vivants), sujet éminemment sensible puisqu'il participe de notre essence même, notre méconnaissance est paradoxalement un moyen de nous rassurer ; je ne veux pas savoir !

Ainsi les médecins, les biologistes ou physiologistes se retrouvent-ils, eux aussi, investis de pouvoirs thaumaturges.

Chez l'animal, l'homme a voulu trouver un refuge affectif. À l'exception des animaux dits « de rente » (en gros ceux que nous consommons, les oubliés de l'Histoire), nos compagnons ont été sacralisés : sauvages ou domestiques, ils sont rangés dans des domaines précis où, d'après la croyance populaire, ils savent d'instinct quel comportement adopter.

En réalité, l'animal a tout simplement une forme de savoir différente de la nôtre, ainsi que des sensations ou des perceptions propres. Et nous, dans notre quasi-ignorance du véritable comportement de nos amies les bêtes, nous en arrivons à des interprétations erronées, voire à des superstitions qui nous rassurent. Et pourtant nous sommes si fiers de notre esprit cartésien !

Notre cerveau et son corollaire, le langage humain, nous ont permis, il est vrai, de conquérir et de découvrir la Terre. Puis nous avons modelé notre planète au mieux de nos possibilités et intérêts, et nous nous sommes interrogés sur cet univers pour accroître nos connaissances dans tous les domaines. Nous savons désormais aller sur la Lune... Mais, pour beaucoup, nous ignorons toujours comment nous-mêmes nous fonctionnons.

Alors nous interprétons !

Un langage scientifique très abstrait et des instruments d'investigation de plus en plus performants mais fournissant des données incompréhensibles pour le commun des mortels, il n'en fallait pas plus pour permettre à certaines croyances d'émerger. Tomographie, magnéto-encéphalographie, imagerie à résonance magnétique, scanner, électroencéphalogramme... Toutes ces choses inconnues et inquiétantes, pourtant simples moyens d'exploration de la structure du cerveau, nous affolent. Alors tant qu'à faire, croyons plutôt à la « radiesthésie sensorielle » – la science de la perception de radiations émises par la nature grâce à l'utilisation d'innocents supports comme la baguette ou le pendule –, ou pourquoi pas à la téléradiesthésie pratiquée à distance, à la métapsychique, et autres pratiques pseudo-scientifiques. Mêmes termes mystérieux au départ, mais qui regroupent de prétendues théories et explications du monde nettement plus simplistes que celles des vrais scientifiques...

Tant il est vrai que la science, qui nous a tellement apporté dans notre quotidien, nous semble désormais trop rébarbative pour être comprise. En revanche, étrange paradoxe, le paranormal et le surnaturel (qu'est-ce que le normal et le naturel ?) nous paraissent tout à fait accessibles. Même si certains phénomènes placés dans ces catégories (telles que la télépathie ou l'hypnose) demandent peut-être à être étudiés ou considérés avec une méthode scientifique, cela devient trop vite fastidieux, tant pour ceux qui sont sujets d'expériences rigoureuses et répétitives que pour ceux qui veulent simplement y croire. Il est plus facile de parler que de prouver...

Alors parlons ! Parlons de l'animal, qui a toujours participé de notre imaginaire et de notre société, en termes fétichistes et superstitieux. Et continuons d'ignorer le réel fonctionnement de nos chères bêtes, broder est tellement plus divertissant.

Et pourtant, quelle erreur ! La réalité, là comme ailleurs, dépasse de beaucoup la fiction et se révèle bien plus passionnante, sans que le « miraculeux » intervienne pour autant. N'avez-vous pas envie de savoir comment un chien retrouve « vraiment » la tombe de son maître, grâce à quoi le saumon, après des milliers de kilomètres de voyage, revient (et pas « d'instinct » !) à sa rivière de naissance, par quel moyen « naturel » le dauphin paralyse ses victimes sans même les toucher, tandis que l'aigle martial repère un lapin à plus de mille mètres de distance ?

Tournez les pages de ce livre... J'espère qu'il vous fera préférer aux fables sans fondement la réalité fascinante du monde des animaux.

Marie-Claude BOMSEL

– 1 –

DU GOÛT ET DE L'ODORAT

Si vous n'y voyez pas vous êtes aveugle, si vous n'entendez pas vous êtes sourd. Mais si vous n'avez aucune sensation gustative, olfactive ou même tactile, vous n'êtes « rien » ou presque. Certes chez quelques lettrés, on regrettera peut-être votre agnosie (manque de goût au sens propre du terme) ou anosmie (manque d'odorat), mais on passera sous silence votre manque de tact, puisque quand il est physique et concret, rien, définitivement rien, ne peut le nommer.

La discrimination du vocabulaire montre bien à quel point chez nous, les hommes, la vue et l'ouïe sont primordiales. La vue implique une représentation du monde, l'ouïe permet la compréhension et, donc, le langage. Toute diminution ou perte de ces sens constitue à nos yeux (expression qui prouve une fois encore l'intérêt que nous leur portons) un véritable handicap. De surcroît, ajoutons que notre sollicitude se portera plus volontiers sur l'aveugle, que nous plaindrons, que sur le sourd, souvent sujet de moquerie. Mais qu'en est-il des autres sens ?

Primates nous sommes, primates nous restons [1]. Pourtant, au cours de l'évolution nous avons perdu notre long museau, celui que nous possédions quand, encore insectivores, nous déambulions la nuit au pied des dinosaures (il y a quand même plus de soixante-cinq millions d'années) sous forme de petites musaraignes. Certains « singes » dits primitifs, tels les lémuriens ou les babouins (encore appelés cynocéphales, c'est-à-dire à tête ou museau de chien), ont conservé une face allongée. Nous, les humains, avons évolué vers un raccourcissement de cette dernière et des yeux plus frontaux qui nous ont permis une vision diurne, en relief et en couleurs. Le *must*. Du moins, une fois encore, à nos yeux !

Cette façon de « voir », au propre et au figuré, est accompagnée d'une évolution du cerveau spécifique à l'homme. Ce développement lui permet d'appréhender ou de créer son propre univers. Cette faculté est loin d'être partagée par le monde animal.

La communication chimique, celle de l'odorat et du goût, est apparue dans les premiers signes de vie maritime au cours de l'évolution. Elle est extrêmement répandue et intervient dans la plupart des sensations ou relations des animaux. Elle

1. L'ordre des *Primates*, qui regroupe principalement les singes et les hommes, a été inscrit au premier rang des animaux dans la classification traditionnelle de Carl von Linné.

présente beaucoup d'avantages quand la vision ne peut pas s'exercer, par exemple la nuit, mais aussi dans les grandes profondeurs marines, dans les grottes, à longue distance, en présence d'obstacles... Cette communication chimique peut agir dans l'immédiat ou en différé, sur terre évidemment mais aussi dans l'eau comme dans l'air, à distance aussi bien qu'à proximité. Et pourtant nous l'avons négligée ou, pire, déformée !

Toutefois, s'il est une chose qui doit être privilégiée à la naissance chez le bébé humain, c'est bien la trilogie goût, odorat et toucher. Confortablement installé dans les bras de sa mère dont il tète le sein, le nourrisson va peu à peu découvrir le monde à travers les trois sens les moins prisés, voire les plus méprisés par les adultes. Les contacts du nourrisson sont répétés et durables avec la peau de sa mère. De plus il respire longuement son odeur tandis qu'elle le sent et le caresse. Les premiers échanges de la vie. Seul le lait n'est pas partagé par les deux tendres amants primordiaux (l'une donne, l'autre prend) et nous verrons plus tard que le goût, pourtant lié à l'olfaction, n'est guère utilisé dans la communication.

C'est beaucoup plus tard que les deux autres sens, le visuel et l'auditif, devraient logiquement s'éveiller, comme chez les autres primates gardés dans les bras par leur génitrice, six mois environ chez les singes de taille moyenne et près de deux ans chez nos cousins les grands singes. Mais l'homme – ou plutôt la femme – a dû poser son petit dans une couche douillette probablement constituée de mousse et de feuillage, lors de son passage de l'état de chasseur à celui d'agriculteur il y a plusieurs dizaines de milliers d'années. C'est donc seul que le bébé humain va affronter des stimuli auditifs et visuels, souvent agressifs du fait de son immaturité naturelle à la naissance.

Cette exception est tout à la fois l'une des faiblesses et l'une des forces de l'être humain, puisqu'elle l'a aidé à s'affranchir de la nature et à parfaire l'odyssée qu'il avait entamée en migrant sur la Terre entière tout en créant chez son nouveau-né un stress existentiel primordial ; ce qui lui a également permis, entre autres, d'accéder à l'état d'homme. Mais cela ne va pas sans inconvénients.

Les singes, eux, ont dû se contenter de vivre au pourtour des zones équatoriales et pour la majorité d'entre eux n'ont pas su sortir de leurs forêts auxquelles ils sont restés inféodés : tant mieux, pense le commun des mortels ; comme cela, par la déforestation intensive que nous pratiquons aujourd'hui, nous les éliminerons plus vite ! On est une espèce dominante ou on ne l'est pas !

De notre côté nous avons effacé nos origines animales – principalement de mammifères, lesquels, eux, communiquent surtout grâce à l'odorat et au toucher – en les reléguant dans les oubliettes de notre mémoire. Ainsi de l'olfaction. Niée dans nos sociétés civilisées, l'odeur corporelle est pour nous animale, donc indigne de nous ! Il suffit pour nous convaincre de regarder (!) et d'écouter (!) le vocabulaire qui s'y rapporte. Quand un humain « sent », c'est qu'il pue.

Un « grand nez » n'échappe à la moquerie que chez les parfumeurs. Après nous être totalement désodorisés de nos propres senteurs naturelles – donc de nos origines animales – à grands coups de savon, nous nous sommes imprégnés de parfums artificiels, certes appréciés de beaucoup car très raffinés et travaillés mais, signe des temps, souvent coûteux et réservés à une élite. Dès lors, si un malheureux sans logis génère de la commisération, de la gêne ou de la honte – sentiments louables –, le fait qu'il sente mauvais parce qu'il n'a pas pu se laver depuis quelque temps provoque chez nombre d'entre nous un dégoût que nous masquons à peine.

La bonne odeur est en effet associée à l'hygiène : n'oublions pas qu'au XVIIe siècle, à Versailles, on ne prenait pas de bain : on se contentait de poudres aromatiques ou de quelque autre « eau de toilette », laquelle, malgré le retour des ablutions antiques, a gardé cette dénomination. Jusqu'au XIXe siècle, les épidémies ont été combattues par des effluves odorants ! L'odorat – comme le goût qui lui est lié – est chez nous sous l'emprise de la culture et de la religion, parmi les fondements de l'humain. Si vous pénétrez dans une église, vous sentez principalement l'encens. L'Église catholique, comme beaucoup de religions, combat volontiers les odeurs, liées à l'animalité et au sexe ; notre nature enfouie et profonde, donc animale, a toujours eu pour elle... un parfum de soufre. La mère humaine civilisée va s'empresser de détourner son enfant de tout ce qui l'attire naturellement, les « relents » de sueur, d'urine et d'excréments, pourtant prestement avalés par les autres femelles primates afin de dissimuler le petit au prédateur potentiel. Lavé, parfumé, voilà un bébé bien éduqué. Et nous arrêterons ici cette discussion pour ne pas provoquer chez vous une grimace d'aversion.

Mais il y a encore plus étonnant : désormais, les animaux « de bonne compagnie » doivent participer de cette « bonne » odeur. Conserver ses caractéristiques essentielles, quand on est un animal « domestique », n'est pas toujours bien admis. Ils devraient comprendre que si nous les lavons, toilettons et parfumons, c'est pour leur bien, non ?

Pauvres bêtes ! Les quelques mammifères que nous avons choisis pour partager nos vies, voire simplement pour nous divertir, ces nouveaux fous du roi, n'ont eu que quelques milliers d'années pour s'habituer à nos mœurs. Au regard des millions d'années de l'évolution, cela ne représente rien. On a pu créer des races domestiques mais l'espèce souche, l'ancêtre de ces races, les a marqués de façon indélébile. Et c'est nous qui ne les comprenons pas ! Comme leurs sensations et réactions nous échappent, nous parlons souvent d'un sixième sens. Leurs facultés d'orientations spécifiques, leurs comportements prétendument étranges ? Sixième sens...

Et si nous nous interrogions sérieusement sur quelques-unes des curieuses manières qu'ils emploient pour évaluer le monde ?

Le flair du chien est-il un supra-sens ou un sixième sens ?

S'il est un grand incompris, c'est bien le meilleur compagnon de l'homme : son chien. Et pourtant Dieu sait qu'il est aimé, adulé, adoré. Et il le mérite, reprennent en chœur tous les cynophiles. « D'autant plus que lui, il rend toute la tendresse qu'on lui donne. Pas comme le chat égoïste, capricieux... »

Sans essayer de nous mêler de cette éternelle querelle entre les amis des animaux, disons-le tout net : pour le flair (et pourtant chez lui l'odorat est bien développé), le chat, le concurrent de toutou dans notre cœur, peut repasser. Tout au moins quand on le compare au chien parce que avec l'homme il n'y a pas photo : visuel est l'humain, visuel il tient à rester. Un handicapé du nez que l'homme, avec ses quatre centimètres carrés de muqueuse olfactive : il y en a cinq fois plus chez le chat, quarante fois plus chez le chien, ça se passe de commentaires !

C'est sans doute pour cela que notre pauvre Médor, tellement adorable, se voit offrir pour son anniversaire (c'est quoi un anniversaire, pour un chien ? Un moment d'énervement auquel il ne comprend rien) un flacon de parfum pour toutous. C'est qu'il est vraiment content, Médor, de sentir comme papa, puisque son papa l'aime !

Il est difficile de répondre avec certitude sur la probable perturbation engendrée par ces fragrances luxueuses et surtout coûteuses – société de consommation oblige – pour une raison très simple et que nous venons d'énoncer : le monde de l'odeur nous échappe, il appartient à la gent canine. Nous ne pouvons imaginer un monde où les marques olfactives sont de véritables signatures indiquant le passage d'un individu, comme c'est le cas pour les chiens. Elles restent discernables après quelques jours ou même quelques semaines pour celui qui peut les percevoir, ce qui n'est évidemment pas notre cas !

Un de nos problèmes existentiels est souvent de savoir si nous rêvons en couleurs ou en noir et blanc. Le chien, lui, rêve peut-être en vert-de-gris (les couleurs, nous en reparlerons, ce n'est pas son truc) mais probablement aussi en odeurs. Or c'est quoi, rêver en odeurs ? Nous n'en avons aucune idée. Peut-être que cela consiste à rêver de mordre la main de ce vilain papa qui vous a (sûrement sans penser à mal, le pauvre) aspergé de ce liquide nauséabond qui vous imprègne continuellement, pour enfin se retrouver soi-même, avec sa propre odeur ? Ou alors, pourquoi pas – dans les rêves tout est permis –, renifler en songe quelques bons excréments de moutons ou un zeste de charogne un peu putréfiée ? Et notre canidé de grogner de plaisir en dormant.

L'appareil olfactif du chien, comme celui du chat, se compose de deux systèmes. Le premier, appelé principal, comprend la muqueuse, les nerfs et un bulbe olfactif (situé dans le cerveau) de grande surface, bon nez oblige. L'autre, appelé accessoire, que l'on croyait il y a quelques années encore réservé aux serpents et autres animaux inférieurs, se compose d'un organe voméro-nasal, l'organe de Jacobson, puis de nerfs et enfin du bulbe voméro-nasal. Retenez bien ce dernier mot : vous en entendrez souvent parler dans ce registre. Ce bulbe a, de plus, des connexions avec une zone qui, toujours dans le cerveau, traite des émotions et des réactions qu'elles engendrent.

Avec le système olfactif, qui demande un apprentissage, Médor égale voire surpasse le cochon pour chercher une truffe. Son bon cœur, allié à son excellent odorat, lui permet de récupérer sous terre l'objet de tous nos désirs (contrairement à ce sale porc au caractère de cochon, qui ne pense qu'à le dévorer). Grâce à l'olfaction et à son museau plus long, Médor domine également Minet quand il s'agit de renifler et de piquer la croquette qui s'est égarée sous un meuble. S'entendre comme chien et chat, c'est aussi cela : que le meilleur gagne ! On a beau être docile, quand la nature vous avantage, pourquoi ne pas en profiter ? Après tout, les chiens ne font pas des chats. Alors autant, pour un toutou, se servir de ses atouts naturels.

Pas fou, l'homme – de son côté – a usé et abusé des qualités spécifiques du gentil cabot.

En effet, contrairement au roi félin et fainéant installé confortablement sur son radiateur, il travaille, l'ami chien : il garde les troupeaux, tire des traîneaux, assure la sécurité, assiste des handicapés, et bien entendu c'est un fin limier qui, grâce à son flair, découvre les rapines humaines et démasque les coupables. Et l'on se demande s'il a un sixième sens ! Il en possède à foison, des « sixièmes sens » : l'altruisme, le dévouement, le sens du devoir, celui de la hiérarchie... Travail, famille, discipline, un modèle pour l'homme !

Évidemment on a un peu oublié, chez notre délicieux cabot, l'autre système, le voméro-nasal, celui qu'il doit activer. Il se situe dans la bouche, en haut sur le palais et est fermé par une papille qui doit être soulevée pour une véritable efficacité.

Pour cette dernière structure, aucun apprentissage n'est nécessaire. Une phéromone [1], on n'y résiste pas : c'est ce qu'on appelle un stimulus inconditionnel. Elle est tout de suite identifiée, même si elle n'a jamais été rencontrée auparavant.

1. Substance chimique qui, émise à dose infime par un animal dans un milieu extérieur, provoque chez ses congénères des comportements spécifiques.

Et le petit clapet de s'ouvrir automatiquement, et les émotions d'affluer... Voilà pourquoi notre chien policier s'égare quelque peu si, d'aventure, il rencontre une femelle en chaleur. Que voulez-vous, le flairage de la région uro-génitale d'une jeune damoiselle que l'on croise est une obligation irrésistible de politesse, même si l'on est sur une enquête. Vous saluez bien vos collègues de travail, vous ! Les bonnes manières, cela ne se commande pas.

Le problème, si problème il y a, c'est que des phéromones, ces délicieux messages odorants entre canidés affables, il en existe beaucoup : il y en a aux oreilles, aux pieds, dans les régions buccales, ano-génitales... Alors, bien sûr, dire bonjour au camarade (surtout si c'est une personne du beau sexe) que l'on croise, cela prend du temps...

Et le maître d'être mécontent ! Et Médor de se demander pourquoi ! Après tout, puisque dame Nature lui a « offert » un aussi formidable sixième sens, il a bien le droit de l'exercer. Même si cela agace les bipèdes qui en sont dépourvus.

Eh oui ! Voilà donc dévoilé l'un des secrets de nos chers compagnons canins : un odorat dont nous soupçonnions l'existence mais dont l'éventail des possibilités nous échappait quelque peu. Seulement Médor nous aime, n'en doutons pas. Toujours à l'affût de nos humeurs donc de nos odeurs, rien ne lui échappe : nombre de maladies qui provoquent chez nous des émanations différentes (urinaires, fécales, un ordinaire de chien en somme) sont par lui détectées bien avant quiconque. Quand ces odeurs sont associées à celles des médicaments et autres onguents, et accompagnées d'une gestuelle inhabituelle, il a vite compris. À maître couché, chien inquiété.

Voilà peut-être une ébauche d'explication concernant l'un des phénomènes « miraculeux » souvent évoqués chez notre compagnon préféré : en cas de décès de son propriétaire, le chien, perturbé par l'absence inexpliquée de ce dernier, peut suivre la trace que ses amis proches ont laissée en l'accompagnant jusqu'à sa dernière demeure. Une fois la tombe ainsi retrouvée, il sentira sous terre son maître bien-aimé grâce à l'odeur des habits dont on l'a revêtu et pourra rester longtemps là, à attendre son retour. Même si cette explication quelque peu pragmatique vous déçoit, n'oubliez pas que la fidélité et l'affection perdurent chez notre gentil canidé au-delà de votre dernier soupir.

D'ailleurs, sait-il que vous êtes décédé ? La conscience de la mort chez l'animal est encore très discutée... par l'homme évidemment, le seul être vivant à se poser des questions de ce genre, donc à être « conscient d'être conscient ». Qui accroît sa connaissance accroît sa souffrance.

Bien qu'intégré depuis dix mille ans dans le monde de l'humain, l'ami chien, ce loup citadin, même s'il cherche sans cesse à communiquer et à comprendre l'homme qui fait fonction de chef, ne partage nullement ses inquiétudes existentielles. Tout d'abord la mort est le quotidien des prédateurs. Si chaque fois que l'on tue une proie on devait s'interroger sur elle, on n'aurait guère le temps de chasser.

D'autre part, pour avoir conscience de la mort il faut avoir conscience de soi et déjà, par exemple, se reconnaître dans un miroir. Or, malgré toutes ses qualités, aucun chien n'a jamais passé ce test. S'il reconnaît peut-être un congénère dans la glace qui lui fait face, il ne s'identifie pas et est même capable de devenir agressif à l'encontre de cette image virtuelle qui le menace en le regardant dans les yeux.

Seuls quelques grands singes étudiés dans des laboratoires ont répondu positivement à cette expérience du miroir : en se nettoyant les dents, entre autres, preuve qu'ils discernaient leur visage. Chacun son job : un primate étant visuel et communiquant très largement avec des mimiques, il est au départ très avantagé.

Le chien, lui, a d'autres préoccupations. C'est déjà assez difficile d'interpréter les humeurs d'un patron qui part à la chasse (à l'extérieur de la maison-gîte, donc probablement pour trouver du gibier) sans son chien et qui vous gronde au retour sans raison. Parce que quand même, une gestuelle de colère d'un patron courroucé, ça s'interprète. Même si l'on n'est pas doué pour le langage articulé et pour les grimaces de primate énervé ! Et allez donc savoir pourquoi il s'agite ainsi, le primate ? On l'attendait, joyeux, derrière la porte, en grattant même avec impatience alors qu'il avait à peine poussé le portail de l'immeuble situé trois étages en dessous, et patatras ! Le voilà furieux. Il vous montre le papier peint arraché, qu'il avait posé avec tant de soin... Son canapé presque neuf lacéré... Sa pantoufle mâchouillée...

C'est quand même bien normal, non ? Pendant votre absence Médor, inquiet, a fouiné dans tout ce qui porte votre odeur pour vous retrouver... Puis il a tout oublié. Donc il ne comprend pas pourquoi vous vous fâchez quand vous rentrez, au lieu de le câliner. Vos mimiques et vos cris l'affolent d'autant plus qu'il n'en perçoit pas la raison... et le pousseront à recommencer la prochaine fois que vous sortirez sans lui.

C'est ce qu'on appelle l'anxiété de séparation ; beaucoup de chiens y sont sujets, surtout ceux qu'on a trop aimés, dorlotés, quand ils étaient petits. L'absence de son maître angoisse cet animal social qu'est notre cher toutou, lequel peut réagir de façon irrationnelle (toujours à nos yeux !) en dévastant l'appartement où on l'a laissé juste le temps de faire une course ou, de façon émouvante, en se couchant sur la pierre tombale de son propriétaire après son décès.

Deux phénomènes aux causes voisines, mais aux résultats plus que contrastés qui nous irritent ou nous bouleversent selon l'interprétation que l'on en fait.

Toujours à notre écoute, notre brave clebs ? Plutôt toujours à notre odeur, chacun son truc. Et si au moins vous cessiez de désodoriser et de parfumer tout ce qui l'entoure – lui, vous, votre maison, sa couche, son coin repos, son coin repas quand il traîne sa nourriture par terre afin de la mieux humer –, il ne serait pas obligé de marquer sans cesse son territoire d'une façon qui va encore lui valoir d'incompréhensibles reproches.

Parce que l'urine, ça sent mauvais ? Décidément, l'odorat et nous...

Pourquoi le putois pue-t-il ?

Eh oui, il pue, le putois ! Il empeste comme n'importe quel autre mustélidé : le blaireau, qu'on ne présente plus, le zorille, un cousin africain, le furet bien de chez nous (en fait un putois domestiqué qui embaume gaiement votre maison quand vous l'adoptez, la célèbre moufette d'Amérique, la belette (sans son petit lapin)... La liste serait longue de ces bestioles que l'on considère comme nuisibles et puantes.

Puantes peut-être, mais nuisibles sûrement pas ! Sauf pour quelques poules et autres oiseaux d'élevage... Car pour réduire les populations de petits rongeurs qui pullulent dans nos cultures, on n'a rien inventé de mieux. Et au moins cela reste naturel. Quant à puer, c'est ainsi qu'ils communiquent entre eux : ils possèdent des glandes odorantes en bordure de l'anus qui contiennent un liquide fort, et quelque peu nauséabond, permettant de marquer les limites du territoire ou de s'imposer auprès des congénères. Lorsqu'on veut prendre le pouvoir, en effet, on adoube le reste du clan en le marquant non pas au fer rouge mais avec son odeur *sui generis*. C'est quand même infiniment moins cruel que ce que nous avons inventé !

Donc cette prétendue odeur insupportable n'est qu'un simple parfum naturel, et de bon aloi, entre camarades de même espèce. Et il n'y a là aucun artifice, contrairement à certains parfums versés à grands flots par des humains trop coquets et qu'il ne nous est pas toujours très facile de supporter dans une salle confinée. Au moins, chez le putois, tout cela se diffuse à l'air libre et en général dans une forêt verdoyante. De plus ça peut toujours servir à se défendre, comme les gaz défensifs que nous, humains, cherchons à pulvériser sur nos agresseurs : lorsqu'il se sent menacé, le putois va en effet se servir de ses glandes pour vaporiser son environnement. Tout prédateur potentiel sera incommodé et préférera la fuite plutôt que de se confronter à cette bête nauséabonde.

De toute façon, le putois est loin d'être le champion du monde de la catégorie des animaux malodorants. La moufette sa cousine nord-américaine, ce charmant petit animal du dessin animé *Bambi*, va jusqu'à viser ses ennemis potentiels afin de leur envoyer son liquide fétide. Quiconque a déjà rencontré une moufette s'en souvient ! Cela dit, elle n'attaque pas sans prévenir : elle frappe le sol de ses pattes antérieures tout en redressant sa queue puis en marchant avec raideur. Si elle est tachetée (il y a plusieurs espèces de moufettes), elle peut adopter une posture dite de poirier, c'est-à-dire tourner le dos à son adversaire et se dresser sur ses antérieurs tout en rabattant sa queue sur son dos. Elle peut même, en se contorsionnant, avancer (ou plutôt reculer) dans cette invraisemblable position. Voilà qui met en évidence les dessins caractéristiques de sa fourrure blanche et noire et constitue la dernière sommation avant le tir. Un homme averti en vaut deux, alors courage, fuyez. D'accord certaines bluffent, mais il ne faut quand même pas trop tenter le sort.

Si certains intrépides, surtout de jeunes prédateurs inexpérimentés, ne sont pas dissuadés par cette posture, ils vont le regretter ! La moufette se remet alors à quatre pattes, relève sa queue, abaisse son dos et, tout en regardant derrière elle par-dessus son épaule, après s'être légèrement balancée pour bien ajuster le jet, vise et tire. Si le liquide est reçu en pleine face, il agit comme un véritable poison qui peut endommager les muqueuses nasales et provoquer de sérieux vomissements. S'il est en contact avec les yeux, la victime sera aveugle, heureusement de façon provisoire. Enfin elle ne se débarrassera pas de cette odeur de sitôt car le mercaptoburyl, la substance chimique qui compose cette délicate sécrétion, peut rester accroché pendant plusieurs semaines sur son malencontreux support, et on pourra ainsi sentir ce dernier à plus d'un kilomètre selon le sens du vent !

Vous êtes toujours partant ? Dans ce cas mettez de vieilles chaussures, car elles pourront garder ce fumet pendant près d'un an. Malgré tout le courage dont vous aurez fait preuve, il est probable que vous les jetiez avant ! D'autant que vous ne laisserez sûrement pas les chiens du voisinage indifférents. Eux aussi, d'ailleurs, sont affublés de ce que l'on appelle des sacs anaux, produisant des sécrétions très complexes impliquées dans la communication hiérarchique, la gestion du territoire et les réactions de peur. Lorsque le chien est effrayé, il peut également projeter un liquide malodorant à plus d'un mètre. Ce dernier restera efficace durant plusieurs heures afin de prévenir et d'éloigner tous ses congénères.

Dans le domaine extravagant de la déclaration odorante, il y a un incontestable champion toutes catégories : le zorille africain. Lui ne prend jamais la peine de prévenir le malheureux qui croise son chemin et bombarde de manière irascible tout ce qui s'approche. Pourquoi tant de haine odoriférante ? Pour se restaurer tout à loisir ! Ses émanations sont capables de faire fuir un lion ou de déloger une panthère loin de son repas... Et le zorille de faire bombance.

Si la moufette a la courtoisie de prévenir, ce n'est pas tant par politesse que parce qu'elle doit faire un usage parcimonieux de son poison, qui n'est pas inépuisable. Elle peut tout au plus effectuer six jets avant que ses glandes ne soient vides, et il lui faudra une semaine pour refaire le plein.

Malgré tout, ce moyen de défense pestilentiel, associé à sa livrée noire et blanche bien identifiable des prédateurs, lui permet de se promener en toute impunité dans son environnement.

L'odeur comme moyen de défense, il fallait y penser ! Par malheur pour elle, notre héroïne n'a rien inventé contre le modernisme des hommes et leurs voitures certes polluantes mais surtout insensibles à toute odeur même répugnante. Myope, plutôt adaptée à une vue en luminosité restreinte, l'orgueilleuse moufette est réellement un contresens sur les routes !

Pourquoi le serpent tire-t-il la langue ?

Une langue de vipère, pleine de venin, maniant la calomnie et l'envie, ne visant qu'à faire le mal et à nous empoisonner la vie ! Pauvre serpent... Mais qui distille du venin sur son compte ? Qui dénature volontiers les faits et pâlit d'envie au vu de ses exceptionnelles qualités ?

Lui, ce n'est pas un sixième sens mais un septième, voire un huitième pouvoir secret qu'il possède, puisqu'il peut, sa forme aidant, percevoir les vibrations du sol... Des sens insolites qu'on lui dénie, bien sûr, puisque nous ne voyons en lui qu'une bête diabolique pleine de maléfices.

On en parlera plus tard, certains serpents privilégiés (en gros les crotales et les pythons) détectent le rayonnement infrarouge émis par une

« source » chaude, en l'occurrence leurs proies à sang chaud, principalement des oiseaux et des mammifères. Un don particulier qui leur sert à chasser. Mais chez tous les serpents le sens voméro-nasal, ce sens olfactif partagé avec d'autres espèces (rappelez-vous notre cabot préféré) existe et est même très perfectionné.

Quant à tirer la langue... Chez nous, les humains, la langue sert à goûter nos aliments. Nous avons *in situ* différentes zones capables de nous donner les informations sur le salé, le sucré, l'amer ou l'acide. Chez le serpent, la langue recueille des molécules qu'elle transporte au voisinage de l'organe récepteur, voméro-nasal toujours, celui de Jacobson déjà entrevu chez le chien. Et lorsque le serpent sort son appendice bifide, plus communément appelé sa langue fourchue, à des rythmes différents et plus ou moins longuement, c'est en quelque sorte un moyen de goûter son environnement. Eh oui ! C'est à cela que sert sa langue, ni à piquer ni à mordre. Le serpent, pourvu de nombreuses dents, mord et ne pique pas ! Comme beaucoup d'animaux, ce reptile agrippe et immobilise ses proies avec ses quenottes acérées.

Mais quand même, direz-vous, quelle étrange bestiole que celle qui détecte la chaleur de ses proies et qui « sent » avec la langue ! Pas étonnant qu'elle nous ait chassés du paradis avec d'aussi inquiétantes particularités.

Surtout que le serpent possède déjà des narines reliées à des centres olfactifs du cerveau. Alors pourquoi donc utiliser un organe supplémentaire, lequel va lui permettre d'analyser les molécules odorantes présentes dans l'air ? Parce que deux précautions valent mieux qu'une.

Chez le serpent, l'organe voméro-nasal est constitué d'une paire de cavités logées, comme chez les carnivores, dans le palais. Lorsque la langue du serpent capte des molécules dans l'air, puis les rapporte dans sa bouche, les cellules sensorielles s'activent au contact des influx nerveux et gagnent les bulbes olfactifs accessoires, puis d'autres centres du cerveau. Plus qu'un complément, c'est un supplément dont cet animal use et abuse.

En effet les serpents, et en particulier les couleuvres, utilisent surtout ce système pour localiser leurs proies : un rongeur, tout d'abord repéré à vue, va être suivi à la trace grâce à la langue vibrante du reptile. La preuve ? Elle va beaucoup vous plaire. Il suffit de couper la langue du serpent pour qu'il soit complètement désorienté, alors que si on lui bouche les narines il continue à se repérer. Pauvre bête !

De plus, notre héros n'est pas qu'une simple machine à tuer, c'est aussi un être plein de sensibilité qui cherche, au sortir de l'hiver, une âme sœur. Ce n'est pas parce qu'il n'a pas de mimiques expressives sur sa face rigide qu'il n'est pas capable d'attendrissement. Ses émois, même s'ils sont très dissimulés à nos yeux, sont bien réels et provoqués... par une odeur spécifique, une phéromone sexuelle, émise par la peau de la femelle : un parfum naturel et envoûtant auquel aucun mâle ne peut résister ou presque. Car pour la reconnaître il faut être de la même espèce. Eh oui ! Même entre serpents ont est raciste, ou plutôt « espéciste » (on s'apparie entre même genre d'espèces). La discrimination se fera par l'odeur.

Les premières constatations de cet ordre ont été faites sur le serpent jarretière, le bien nommé. Le mâle, enivré par le lourd effluve de sa femelle, la lèche frénétiquement à petits coups de langue, et s'enroule autour d'elle avec volupté. Tous deux enflammés, enlacés, redressent leur corps, rapprochent leurs cloaques et copulent. Une parade nuptiale bien élaborée, qui se termine de façon quelque peu repoussante ! Ou plutôt, comme toujours, naturelle. Une rencontre préparée à partir de l'organe voméro-nasal n'a rien de romantique : elle est simplement efficace.

On n'est pas certain que ces comportements amoureux existent chez tous les serpents, les études se poursuivent. Mais quand même, trouver l'âme sœur en tirant la langue, voilà une démarche qui ne viendrait pas à l'esprit de nos galants. Cela ne leur servirait d'ailleurs à rien.

Chez l'homme, l'organe de Jacobson est présent dans le fœtus en début de développement, mais, sauf de très rares exceptions, il régresse et s'atrophie dès les premiers mois. Tout le monde n'a pas la chance d'être serpent !

Comment le saumon reconnaît-il sa rivière natale ?

Avant d'atterrir dans votre assiette, le saumon, comme l'anguille, a effectué un long périple. Non pour être plus ferme et plus rose à la consommation, mais pour se reproduire. Poissons du genre athlétique, les saumons naissent et grandissent en rivière puis, régis par la loi de migration inscrite dans un programme génétique, ils vont rejoindre, durant leur tendre enfance, l'océan Atlantique. Le voyage des anguilles se passe exactement à l'inverse, puisqu'elles naissent en mer et migrent pour aller se nourrir en rivière. Reste que pour s'y retrouver, il leur faut certainement, aux uns et aux autres, un sixième sens, pensons-nous...

Vrai et faux ! Les saumons de l'Atlantique (il y en a plusieurs espèces) ou plutôt les saumoneaux, âgés d'environ trois ans, se laissent porter par le courant et dévalent leur rivière natale pour rejoindre l'océan. Tout le long du parcours, ils vont se transformer physiologiquement, en particulier au niveau de leurs branchies qui doivent s'adapter pour passer de l'eau douce à l'eau salée. Toujours regroupés, en nombreux bancs, ils vont ensuite filer – surtout vers le Groenland ou les îles Féroé – pour croître et embellir. Ils peuvent prendre jusqu'à quatre kilos par an en dévorant de la friture !

Ainsi petit poisson est devenu grand. Ces adultes vont alors retourner sur leurs pas (ou plutôt sur leurs nageoires), retraverser l'océan, remonter les rivières et retrouver la zone exacte qui les a vus naître !

Tous n'y arriveront pas, ce voyage étant un véritable parcours du combattant. Les aventuriers doivent assurer une traversée transatlantique, nager à contre-courant et faire face aux nombreux obstacles en tenant uniquement grâce aux réserves de graisse accumulées en mer. En effet, ils ne se nourrissent presque pas pendant leur périple de retour, qui représente de cinq à six mille kilomètres. Et nous serions ébaubis par quelques exploits de rafting ?

Arrivés à destination, les rescapés vont se reproduire avec frénésie, donc frayer et... pour une grande majorité d'entre eux, mourir. Quelques survivants très robustes pourront malgré tout effectuer trois migrations dans leur vie... s'ils ne sont pas doublés par quelques petits malins plus précoces qui restent tranquillement dans le lit de la rivière pour s'accoupler avec de rares femelles sédentaires ou avec les migrantes arrivées en premier. On est toujours trahi par les planqués.

La science reconnaîtra les siens et ne s'intéressera qu'aux exploits des grands migrateurs. C'est une bien piètre consolation pour tous ces soldats morts au champ d'honneur. On a tenté d'expliquer l'extraordinaire capacité des plus de soixante-dix pour cent de saumons qui retrouvent leur chemin et leur lieu de naissance. Quant aux trente pour cent restants, ils demeureront à jamais des saumons inconnus...

Tout n'est pas explicité dans cette grande aventure. Le fameux sixième sens, et d'autres encore que nous ne possédons pas ou plus, sont probablement impliqués lorsque les poissons traversent l'océan. Ceux-ci retrouveraient leur direction générale à l'aide de la position du soleil, des courants marins et de leur sens magnétique (certains animaux semblent percevoir et calculer les lignes de force du champ magnétique terrestre ou la position du Soleil à différents moments de la journée. Nous développerons ces capacités exceptionnelles dans le dernier chapitre du livre, consacré à ces facultés). Mais on a découvert qu'aux abords des eaux douces, ils sont capables de reconnaître l'odeur exacte du cours d'eau où ils sont nés. Comment l'a-t-on vérifié ? En bouchant les narines de ces voyageurs ou en les altérant – ce qui est aussi difficile que cruel – et surtout en plaçant d'autres substances olfactives à l'entrée de leur rivière natale. Dans tous les cas ils s'égarent.

Comme chez tous les poissons, les organes de l'odorat, chez le saumon, sont formés de tissus spécialisés qui tapissent l'intérieur des narines. Ces tissus contiennent de nombreuses cellules, appelées neurosensorielles, qui reçoivent et transmettent des informations au système nerveux central, lequel est lui-même très orienté vers l'olfaction.

On considère que le saumon a un odorat près de mille fois supérieur à celui d'un chien. Quand on pense aux facilités dont bénéficie déjà ce dernier en pareil domaine, on ne s'étonne guère que le poisson puisse mémoriser chimiquement son lieu de départ et peut-être une partie de son trajet migratoire. Cette « imprégnation » olfactive se fait à un certain stade de développement du jeune saumon et est inscrite pour la vie. Une sorte de madeleine de Proust revue et corrigée dans une collection piscicole !

Quant à l'autre protagoniste de ce chapitre, pour elle on peut penser qu'il y a anguille sous roche, car son affaire n'est pas claire. L'anguille électrique, qui fréquente les berges des rivières d'Amérique du Sud, peut, comme son nom l'indique utiliser l'électricité pour détecter des proies. Il est peu probable que ce curieux sens (encore un sens inconnu chez nous, bien sûr) soit utilisé pour s'orienter sur de longues distances.

On a découvert par ailleurs que l'anguille d'eau douce européenne est capable de détecter des substances chimiques diluées à une partie pour trois milliards de millions !

Il n'en reste pas moins que la biologie de ces animaux reste quelque peu mystérieuse, et l'on ne connaît pas les sites de frai de toutes les espèces d'anguilles. Mais tout le monde connaît, bien entendu, la fameuse mer des Sargasses où les larves d'anguilles voient le jour puis, entraînées par les courants du Gulf Stream, mettent environ trois ans pour atteindre les eaux du littoral européen. Alors seulement les larves se métamorphosent en civelles, des jeunes anguilles de huit centimètres environ, avant de commencer à remonter les cours d'eau où elles trouveront une nourriture abondante leur permettant de poursuivre leur croissance. On n'en sait guère plus, sauf que quelques années plus tard celles qui auront échappé à notre miraculeuse pêche vont repartir vers leur mer tant aimée... En somme filer comme des anguilles : quoi de plus normal ?

*
* *

Nous venons de voir que l'odorat, sens considéré comme secondaire chez nous, est pour nombre d'animaux un véritable moyen de communication sociale, un moyen d'alarme, de marquage de territoire, d'orientation... Que sommes-nous, en comparaison ? Nous pourrions certes imaginer nous saluer en frottant le bout de notre nez, cela s'est pratiqué autrefois dans quelques civilisations, mais il semble déjà plus délicat d'espérer humer la sphère uro-génitale de notre interlocuteur, par simple politesse, lors d'une rencontre ; même si l'on considère qu'aujourd'hui nos mœurs se sont relâchées, cela risque de faire quelque peu désordre.

Essayer de renifler les réverbères au lieu de demander son chemin à un passant, ou se permettre d'émettre des odeurs fétides dans une salle obscure réputée pour ses films d'horreur afin de prévenir son voisin qu'il peut y avoir danger, tout cela tournerait au cauchemar... Quant à imiter les papillons mâles munis de plus de cent cinquante mille cellules sensorielles sur leurs antennes, dont un grand nombre répondent spécifiquement à l'odeur sexuelle de la femelle, par bonheur cela ne peut rester qu'à l'état de chimère, sinon vous imaginez la pagaille !

Définitivement, un monde humain et un monde animal, ce n'est pas la même chose. Ce qui nous manque peut-être ? Avoir un peu plus de chien en nous.

Pourtant nous, les hommes, pouvons distinguer environ dix mille composés chimiques, différents par leur odeurs, classées arbitrairement en sept groupes : camphré, musqué, floral, menthe poivrée, éther, âcre, et putride. Mais nous avons, tout au long des civilisations et cultures, beaucoup aseptisé notre odorat au profit de notre goût.

Avec l'olfaction, nous détectons la présence de traces de substances chimiques dans l'air, avec la gustation des substances contenues dans l'eau. Cependant, comme les récepteurs du goût sont situés à l'arrière des fosses nasales, ils analysent des substances contenues dans l'air après qu'elles se sont dissoutes dans la mince pellicule d'eau qui recouvre les organes olfactifs. En somme, ce goût dont nous nous flattons est une combinaison avec l'odorat.

Que sont les odeurs et les saveurs ?

Les odeurs et les saveurs sont des substances ou mélanges de substances chimiques.

• Certaines de ces substances, captées par un animal, sont susceptibles de modifier son comportement ou sa physiologie. On appelle ces molécules des phéromones.

• Toutes ces substances sont captées par des récepteurs sensoriels. Ce sont les récepteurs du goût et de l'odorat.

– Les récepteurs du goût, appelés bourgeons, ne distinguent que quatre qualités chimiques (acide, salé, sucré et amer), et il leur faut de fortes concentrations.

– Les récepteurs de l'odorat, situés sur un tissu spécialisé (l'épithélium olfactif), identifient en quantité infime les molécules une à une.

• En général, ces récepteurs sont situés sur les organes spécialisés comme le nez ou la bouche (plus précisément la langue).

– Les organes du goût et de l'odorat chez les vertébrés terrestres (mammifères, oiseaux, reptiles) sont facilement identifiables : la gustation a lieu en milieu liquide (salive), l'olfaction en milieu aérien.

– Chez les vertébrés aquatiques (poissons, reptiles), le milieu qui transporte les molécules des saveurs et des odeurs est le même dans les deux cas, mais les organes du goût et de l'olfaction sont morphologiquement très différents.

Souvenons-nous de la miche de pain du prologue. Goûter un aliment, le savourer, fait aussi intervenir d'autres sens, à commencer donc par l'odorat grâce aux arômes libérés, mais aussi la vue et le toucher puisque la forme et la consistance donne au cerveau un « avant-goût » de ce qui va être mangé.

Dans une classification tout autant discutée que celle donnée pour l'odorat, on a donc ordonné les sensations gustatives en quatre grands groupes auxquels certains puristes ajoutent la perception du glutamate de sodium. Globalement, la gustation permet de détecter une grande variété de molécules, mais ce sens est plutôt moins affiné que l'odorat. Pourtant, il est beaucoup plus prisé par l'homme. Pourquoi ? Tout simplement parce que la nourriture a toujours été un signe de richesse et d'abondance. L'homme est le seul animal à avoir domestiqué la nature, c'est-à-dire les animaux mais encore les végétaux. L'agriculture lui a permis de compléter la chasse et la cueillette, la découverte du feu lui a offert la cuisson du gibier et des produits de ses plantations. Sédentaire, l'être humain a développé des relations sociales et conviviales plus complexes, passant souvent par un partage de nourritures cuites et cuisinées.

L'apprentissage du goût est dès lors devenu fondamental chez le petit de l'homme, qui nous l'avons vu est très sensible dans son jeune âge à ces sens dits de contact que sont le toucher et le goût.

Quant à « avoir bon goût », c'était une spécificité humaine avant que la société de consommation ne crée des fast-foods de mauvaise qualité.

Entraînés dans notre sillage, nos animaux de compagnie chiens et chats sont devenus, dans ce domaine, des caricatures de nous-mêmes : déjà habillés de manteaux « tricotés main », coiffés de chapeaux chics et chers, ils traînent difficilement, de surcroît, leur corps alourdi par une surconsommation de calories en boîtes assaisonnées au prétendu « goût » de viande ou de poisson, mais par chance pour eux, en tant que carnivores, il leur reste un excellent odorat pour repérer leur proie ; et là ils n'ont jamais concouru dans la catégorie « gastronome », puisque celle-ci est aussi vite capturée que dévorée.

En effet, parmi les mammifères, ce sont les herbivores qui discriminent le mieux les substances gustatives. En somme, ils séparent naturellement le bon grain de l'ivraie. Les cochons omnivores ne sont pas mal non plus, dans ce domaine. Eh oui ! Les hommes possèdent six mille bourgeons gustatifs de moins que les porcs, qu'ils traitent comme des cochons répugnants. À chacun d'en penser ce qu'il veut.

Les oiseaux, eux, semblent disposer en majorité d'un sens gustatif médiocre mais, comme toujours, on découvre quelques exceptions.

Ainsi le pétrel, un gros oiseau de mer, est capable de détecter une charogne à des kilomètres ; et le perroquet à langue charnue teste longuement les fruits avant de les déguster, tandis que le kiwi, curieux oiseau néo-zélandais nocturne à long bec, se sert de l'extrémité de ce dernier pour trouver sa pitance.

L'homme est passé maître dans l'art culinaire... Chez lui, l'appréciation des saveurs est devenue culturelle, et se nourrir ne répond plus au seul besoin physiologique mais permet des réunions familiales ou sociales qui font de la gustation, sens au départ de simple proximité, un remarquable outil de communication.

Chez certains animaux il y a beaucoup plus facile encore, c'est de faire du sens gustatif un sens d'échange à part entière, ce qui leur permet d'identifier un congénère et son état physiologique. Encore un curieux sens que nous ne souhaiterions pas forcément acquérir.

Pourquoi le dromadaire mâle goûte-t-il l'urine de la femelle ?

Le dromadaire roule sa bosse de l'Afrique jusqu'en Inde ; pour être plus précis, dans les régions désertiques auxquelles il est morphologiquement et physiologiquement adapté. Il est considéré comme un animal semi-domestique, sauf en Australie... où il a été introduit et est redevenu sauvage après le développement des machines agricoles qui l'ont rendu inutile.

Utile, il l'est pourtant encore dans bien des pays d'Afrique. Que ce soit pour son lait réputé riche en vitamine C, pour le transport de chargements ou pour sa viande, le dromadaire est toujours symbole de richesse.

Mais ce n'est pas parce qu'on est domestiqué qu'on en oublie ses instincts naturels, en particulier au moment de la reproduction. Quelque peu énervés par les « vapeurs » de leurs femelles, les mâles d'un même groupe vont alors devenir agressifs et s'adonner à des rituels d'intimidation : comme partout ailleurs, pour trouver sa belle, il faut éliminer les concurrents.

Si vous en avez le désir, ou le loisir, vous pouvez à cette période observer ces mâles en conquête. Ils blatèrent et grognent, la partie molle de leur palais exhibée le plus possible sur le côté de la bouche, comme une bulle de chewing-gum géante. Si les adversaires n'arrivent pas à se mettre d'accord, ils vont en découdre. Des morsures au niveau des pattes doivent coucher le plus faible et marquer ainsi la victoire du dominant. Celui-ci, tout fier et excité d'avoir emporté le combat, va alors voir la femelle en lui indiquant clairement qu'il est le « boss » !

Comme nous le ferions lors d'un rendez-vous galant, il va aussitôt se parfumer pour la séduire, mais de façon fort originale : il s'asperge généreusement d'urine à l'aide de sa queue. Il n'est cependant pas au bout de ses peines, car madame dromadaire ne va pas accueillir son prétendant aussi facilement. Celui-ci doit avant tout s'assurer qu'elle est bien consentante, en somme apprécier si elle est hormonalement disposée à s'accoupler. Comment ? C'est simple et surtout très pratique : comme une grande majorité d'animaux ongulés, il va goûter son urine.

Ce n'est pas là un manque de savoir-vivre, mais au contraire une règle de bienséance chez les dromadaires, de caractère volontiers irascible et chez qui les coups de gueule sont légion. L'urine des femelles contient des phéromones qui renseignent sur l'état de leur cycle menstruel. Ces phéromones, très peu volatiles, ne peuvent être senties par l'odorat classique. Le dromadaire va alors utiliser le flehmen pour « pêcher » des informations dans l'urine. Le flehmen est une posture particulière de l'animal qui retrousse sa lèvre supérieure, fermant ainsi ses narines pour diriger les phéromones vers l'intérieur de son palais où se situe... vous l'aviez bien sûr deviné : le fameux organe de Jacobson. L'information odorante va y être traitée et est ensuite transmise au cerveau pour indiquer au mâle s'il peut commencer à conter fleurette à sa belle. Une version gustative du touché-senti de la région vulvo-anale des carnivores. Le dromadaire a en fait inventé l'œnologie urinaire !

Cependant, comme rien n'est simple chez les dromadaires, pour obtenir un échantillon d'urine de sa belle le mâle va devoir la courser et ce jusqu'à ce qu'elle cède... Cela peut prendre une journée entière. Peut-être est-ce pour cette raison qu'au bout du compte il copule agenouillé... À moins que ce ne soit pour remercier le Seigneur qu'elle lui ait enfin accordé ses faveurs.

Chez les antilopes, autres ongulés, les femelles semblent beaucoup plus dociles : il suffit que le mâle lève sa patte antérieure soit à distance, soit sur l'abdomen, pour que la femelle lui délivre son urine : un petit coup, et puis ça va ! Ou presque. Il y a parfois des capricieuses !

Perfectionnement ultime du flehmen, les mâles peuvent, grâce à ce système, savoir quel est le dominant en évaluant la quantité de testostérone présente dans l'urine. Vous vous en doutiez, c'est évidemment celui qui en possède le plus ! On a beau être souvent qualifié de hautain par les hommes lilliputiens, on n'en reste pas moins dromadaire.

Les organes du goût sont-ils toujours situés sur la langue ?

Tous les goûts sont dans la nature, c'est bien connu. Mais le fait que les cellules réceptrices de ce sens ne soient pas toujours situées sur la langue, cela l'est moins. Pour nous la langue est toujours source de plaisir – charnel (de façon heureusement différente que certains des animaux dont nous venons de dévoiler les secrets) ou intellectuel ; elle sert à goûter, certes, mais aussi à embrasser, à parler... Un véritable symbole en somme, au point que la langue de bœuf était tombée en désuétude à cause de la répugnance que, bien souvent, elle inspirait lorsqu'elle était servie sur une table. Un dégoût naturel pour ce « bas morceau », bien avant l'affaire de la vache folle...

Et pourtant, sans le savoir, nous faisons une consommation fréquente de « langues nageuses ». C'est quoi, les « langues nageuses » ? Cela peut se déguster en brandade, au four ou même en filet. Cela s'appelle une morue, un mulet, une carpe ou un esturgeon, en bref des poissons osseux. En majorité, à l'inverse des poissons cartilagineux comme les raies et requins, les bourgeons gustatifs sont disposés sur l'ensemble du corps de ces animaux aquatiques. Ils nagent, certes, mais ils goûtent également en se déplaçant et n'ont pas besoin pour cela d'ouvrir la bouche... même si leur cavité buccale possède aussi des cellules goûteuses. Pour eux, le mieux est l'ami du bien.

Comment pouvons-nous être sûrs qu'ils goûtent et non qu'ils sentent, comme les saumons leurs rivières natales ? En étudiant les connexions nerveuses. Elles sont disposées en trois rameaux de nerfs crâniens distincts pour le goût, au contraire de l'olfaction qui est reliée au cerveau par un nerf unique.

Dernière question qui vient aussitôt derrière : qu'est-ce qu'ils goûtent exactement ? La réponse est simple : nous n'en avons aucune idée ! On constate qu'ils détectent certaines protéines présentes dans l'eau à des concentrations infinitésimales, mais les études actuelles sur leur génome (les gènes, tout simplement), leur cerveau et autres récepteurs du goût ne sont pas assez avancées pour que nous puissions savoir, par exemple, s'ils sont sensibles aux mêmes quatre saveurs primaires que nous.

De toute façon, nous n'aurons jamais leur cerveau (même si autrefois, il y a plusieurs centaines de millions d'années, nos très lointaines ancêtres étaient des sortes de poissons).

Pour qui croit en l'évolution des espèces, en effet, nous sommes sortis de l'eau sous forme de quasi-poissons, et en précurseurs des batraciens, il y a plus de trois cent cinquante millions d'années. Il faudra du temps et un cataclysme naturel (voire provoqué par les humains) avant que nous y retournions...

De nombreuses espèces de poissons vivant à notre époque ont perfectionné ce système gustatif en affichant des papilles à l'extrémité des nageoires – ainsi le grondin – ou au bout de longues moustaches, comme le poisson-chat. Ce dernier possède près de vingt mille cellules sensorielles dans la bouche et une centaine de milliers d'autres sur tout le corps. La plus grosse concentration est située sur les huit moustaches qui entourent sa large bouche. Ce moustachu, espèce fouisseuse vivant dans les fonds troubles, peut ainsi, grâce à ses véritables antennes, détecter le moindre aliment. Il lui suffit de marcher sur le fond de la mer pour goûter, par simple contact, sa nourriture. Et il ne l'absorbe que lorsque les signaux gustatifs reçus lui conviennent. Cela évite bien des intoxications. Seulement voilà, vous voyez-vous goûter avec vos pieds ?

Il est pourtant d'autres animaux pour qui c'est très naturel. Pourquoi croyez-vous que la mouche se promène sur votre table pendant le déjeuner ? Pas exclusivement, loin de là, pour vous exaspérer. Parce que votre agacement, sachez qu'il l'indiffère ; elle n'a guère le temps ni l'envie de se soucier de l'humeur de son hôte. Elle s'est juste invitée à votre repas et goûte ce qui lui ferait plaisir avant de consommer... cela à l'aide de ses tarses, c'est-à-dire les extrémités de ses pattes. Et pourtant elle possède bien des papilles gustatives dans la bouche. Mais quand on vole, on atterrit tout naturellement les pattes les premières sur la nourriture. C'est commode et efficace. En plus (cela fait rêver) ses organes du goût se présentent sous forme de soies constituées de cinq cellules nerveuses à la base réagissant au sucre, vous vous en doutiez, mais aussi à l'eau et au sel. Pas folle, la mouche : elle évite l'acide et l'amer.

Et elle n'est pas la seule à montrer de telles possibilités ! Antennes et pattes sont les principaux porteurs d'organes du goût chez les insectes. On a aussi constaté que, lorsque certains d'entre eux sont affamés, les papilles des pattes deviennent encore plus sensibles au sucre. Les papillons peuvent ainsi détecter une concentration de sucre dilué dans de l'eau cent fois mieux qu'un humain. Petite consolation, leur palette des saveurs sucrées est moins variée que la nôtre...

Des « becs fins », les insectes ? Non, des pattes folles !

– 2 –

LA VUE

Qu'il en soit content ou malheureux, en zoologie l'homme est un primate diurne dont le sens principal est la vision. Il voit en couleurs et en relief, ces deux facultés ayant été acquises lorsque, il y a plusieurs millions d'années, ses ancêtres devaient se nourrir et se mouvoir dans les arbres. Une chute étant vite arrivée, il convenait d'apprécier les aspérités des branches afin de s'y accrocher et de juger du mûrissement d'un fruit à la couleur de sa peau pour mieux se nourrir... et, en prime, éviter les soucis gastriques dus à l'acidité de végétaux trop verts.

Rien de bien extraordinaire, pensez-vous. Détrompez-vous, la vision de la couleur, par exemple, est une des choses parmi les moins bien partagées dans le monde du vivant. Les primates, quelques écureuils, un grand nombre d'oiseaux, quelques poissons et certains insectes, voilà la liste close pour les visions colorées. En nombre d'espèces, surtout compte tenu de la masse représentée par les insectes, cela fait beaucoup, mais relativement peu chez les animaux dits supérieurs, les mammifères, ceux qui de façon générale nous préoccupent.

« Seules les bêtes à cornes ont peur du rouge ! » criait-on dans les rues en 1968. Quelle que soit l'opinion politique que l'on avait, on partait d'un principe faux, puisque le taureau ne distingue pas le rouge du chiffon que l'on agite devant lui.

Notre langage à nous autres humains, les obsédés de l'image, comprend de nombreuses allusions à la vision : « J'ai vu rouge », « je vais voir », une « vision » du monde... On dit même « vu » pour j'ai compris. Ce sens était déjà primordial du temps d'Aristote pour qui « il est de tous les sens celui qui fait acquérir le plus de connaissances ». Il est pourtant bien souvent source d'illusions mentales, particulièrement dans notre projection de la connaissance des visions animales !

Les yeux des hommes ne sont sensibles qu'à un segment étroit du spectre électromagnétique : la partie visible à la lumière. Quant à la couleur elle-même, ce n'est que lumière qui vibre. Attention, ce n'est pas une grandeur physique mesurable mais une construction mentale de notre cerveau obtenue par comparaison de la longueur d'onde réfléchie par une surface – par exemple une cerise sur son arbre fruitier – avec celles qui sont réfléchies par les surfaces voisines, les feuilles et les troncs d'arbres. La couleur est donc en quelque sorte une vue de notre esprit, une illusion d'optique ! Un sixième sens humain par rapport à notre pauvre taureau... mais un excellent moyen de communication pour ceux qui y ont accès.

Qu'est-ce que la lumière ?

La lumière est une onde électromagnétique constituée d'énergie (les photons) qui serpente sous forme de vagues de différentes longueurs d'ondes.

Les photons produisent des radiations ou rayonnements. L'intensité de ces rayonnements dépend de la quantité d'énergie des photons.

L'ensemble de ces rayonnements est appelé spectre électromagnétique : les longueurs d'ondes de la lumière visible ne sont qu'une partie de l'ensemble du spectre électromagnétique.

Qu'est-ce que la couleur ?

Les couleurs ne sont que différentes longueurs d'ondes de la lumière.

L'œil humain ne perçoit que les rayonnements compris environ entre 450 et 650 nanomètres, écart appelé spectre visible, qui comprend les couleurs de l'arc-en-ciel.

Suivant les différentes interactions de la lumière avec la matière (diffraction, réfraction...), les couleurs nous apparaissent dans tout notre environnement.

Lors de leur parade nuptiale, beaucoup d'animaux affichent des couleurs éclatantes. Le paon bien sûr en est un symbole ; les nobles faisans ou les somptueux oiseaux de paradis aussi, de même que les ridicules dindons. La couleur et le faste ne sont pas réservés qu'aux plus huppés dans le royaume des animaux... La preuve, la cohorte des crapauds qui gonflent leur cou et celle des primates, parmi lesquels le mandrill au visage bariolé et le grivet au sexe bleu qui affichent leurs couleurs pour leurs femelles irrésistiblement attirées.

En dehors des couleurs, une autre caractéristique de la vue et de son « pilote », le cerveau, est la gestuelle et la compréhension des informations délivrées par le corps et par le visage. Comme la quasi-totalité des primates, l'homme est social et communicant : ses mimiques sont nombreuses et, même si prime le langage parlé qui le caractérise, celles-ci restent essentielles et toujours présentes ; rappelons-nous nos attitudes dans un pays étranger, quand nous commençons une curieuse pantomime à l'usage des « indigènes » qui ne parlent pas notre langue. Et souvent ça marche ! Un patrimoine génétique commun, c'est bien commode à cet effet.

Un autre exemple : nos parades de séduction, même si elles sont quelque peu inversées par rapport à l'univers animal. Nous les hommes, ou plutôt nous les femmes qui avons mis tant d'années à dissimuler nos périodes de chaleur (au contraire des femelles chimpanzés qui exhibent de larges tumescences fessières afin de signaler leurs ovulations), nous nous parons de mille atours et maquillages pour séduire nos compagnons qui, peut-être, n'en demandaient pas tant. L'*Homo sapiens* est sage ; voilà pourquoi, à l'envers de la règle animale, chez lui c'est, en général, la femelle qui parade. Les bagarres sont plus subtiles, les combats moins violents et les belligérants moins abîmés... en règle générale.

Dans nos rapports sociaux, notre sens visuel si performant a surtout servi à déguiser nos sentiments ou émotions en les dissimulant derrière des mimiques figées ou faussées, et à accentuer notre désir de plaire par un look parfois excessif, signe fréquent de grand désarroi sentimental.

Le chat voit-il la nuit ?

Tout le monde le sait, le chat est un chasseur. Un chasseur qui chasse surtout la nuit. Donc il voit très bien la nuit, suppose-t-on. Vrai et faux. Si d'aventure vous placez minet dans un caisson hermétiquement fermé, donc dans le noir absolu, il sera complètement perdu ; aussi aveugle que vous le seriez !

En fait le chat est un formidable capteur de lumière, une impressionnante machine à dévorer la luminosité : il est étudié pour, et il a plein de trucs ! Tout d'abord des yeux extraordinaires, très grands, placés frontalement et jouissant d'une vision panoramique. Son champ de vision est supérieur à celui de l'homme de près de cinquante degrés ; même s'il existe des différences suivant les races, le chat persan voyant moins bien – du fait de ses yeux bombés et des poils drus qui l'encombrent – que le siamois aux poils ras et au nez allongé.

Comment ça marche ?

Juste un petit rappel : l'œil se compose à l'avant d'une cornée transparente et d'un cristallin bordé d'un iris. Au centre de l'iris se trouve la pupille qui laisse pénétrer la lumière suivant sa dilatation.

Suite à ce phénomène, des messages sont imprimés sur la rétine, située au fond de l'œil, et transmis au cerveau par l'intermédiaire du nerf optique. Ils sont interprétés ensuite pour donner une image.

Le chat a une particularité par rapport à nous. Sa pupille, correspondant à l'ouverture de l'iris, peut en s'élargissant au maximum laisser entrer un flot de lumière qui va frapper la rétine. Elle peut aussi s'obturer au point de n'être plus qu'une simple fente en cas de lumière trop vive. C'est un outil ultrasophistiqué et l'un de ses avantages parfois méconnus. Mais il a encore mieux, le minet : un *tapetum lucidum*, un tapis lumineux qui couvre la rétine comme une couche phosphorescente et qui renvoie les rayons lumineux. La preuve ? La nuit venue, projetez vos phares de voiture sur votre chat : vous verrez ses yeux s'illuminer et votre greffier s'enfuir.

Un conseil, ne cherchez pas le *tapetum* dans les yeux de votre bien-aimé(e), vous risquez d'être déçu(e). Il n'existe pas chez nous...

On a calculé que le chat voit six fois mieux que nous dans la quasi-obscurité. Logique, c'est un animal du soir et du matin. Il affectionne l'aube ou le crépuscule et chasse à faible lueur. Le reste du temps il dort. Il dîne puis il dort. Et qui dort dîne. Une vie de chat !

Pour chasser, il faut une vue acérée. Toujours à la pointe du progrès, minet est équipé d'une fovéa spéciale.

La fovéa est une zone centrale de la rétine très riche en récepteurs qui sont des cellules photosensibles bourrées de pigments. Celles-ci sont reliées au nerf optique qui va transmettre les messages au cerveau. Ces cellules se divisent en bâtonnets, lesquels réagissent à la présence ou à l'absence de lumière, et en cônes dont les pigments réagissent à des longueurs d'ondes spécifiques. Autrement dit, les cônes « fournissent » au cerveau des images en couleurs tandis que les bâtonnets ne « donnent » que du noir et blanc, mêmes s'ils sont plus sensibles à la lumière que les premiers.

Chez nous la fovéa est surtout constituée de cônes, pour distinguer les couleurs. C'est formidable de jour, ne serait-ce que pour voir la vie en rose, mais la nuit ça ne sert à rien. Notre ami chat possède certes quelques cônes, mais principalement des bâtonnets photosensibles à la luminosité, ce qui lui vaut une bien meilleure vue nocturne que nous.

Comme toute médaille a son revers, les couleurs échappent en partie au chat. Il vit en « quasi sépia », distinguant à peu près le vert et le jaune et ignorant pratiquement le rouge. On dit qu'il a une très modeste vision en deux couleurs (bichromatique), alors que nous en voyons trois. Et alors ? Toutes les souris sont grises (ou vertes dans les contes) et les oiseaux colorés se dégustent aussi bien en noir et blanc.

De surcroît, il faut l'avouer, notre greffier est quelque peu myope, voire presbyte. Sauf que ne vous avisez pas de lui faire porter des lunettes ! Non seulement il ne les supporterait pas vu son caractère un tantinet indocile (non par sens du ridicule, même s'il aime à se moquer de Médor qui, lui, peut consentir à porter des binocles) mais, pour chasser la nuit, peu lui chaut de voir un peu flou. Souris vite attrapée, souris vite avalée, telle est sa devise !

Sa précision visuelle est près de dix fois plus faible que la nôtre. Il ne nous voit précisément que lorsqu'il se trouve à une cinquantaine de centimètres de notre visage.

Au moins en voilà un qui ne se soucie guère de nos rides. Même par une nuit étoilée, qui facilite sa vision nocturne, il continuera à nous aimer de façon romantique.

De toute façon, en cas de quasi-obscurité, minet nous repérera à l'odeur. On sait que le chat possède cinq fois plus de cellules nerveuses liées à l'olfaction que l'homme. Il sent beaucoup mieux que nous, mais moins bien que le chien. Cela ne fait pas de lui un très fin limier, seulement le chat peut quand même suivre l'odeur d'une piste de souris jusqu'à son terrier... Cependant, paresseux, il préfère chasser à l'affût. Pourquoi courir quand il suffit d'attendre et de repérer ?

Une autre des astuces de notre fort ingénieux minet sont les vibrisses. Ces grandes moustaches qui lui donnent fière allure ne sont pas de simples ornements, elles sont sensibles à la moindre pression ou courant d'air. Quand il marche le chat les avance pour tâter le terrain, et lorsqu'il s'approche pour flairer quelque chose il les recule. Elles lui permettent d'apprécier les limites d'un trou où pourraient se cacher taupe, rat, mulot ou autre dîner.

Voilà pourquoi notre minet voit la nuit, ou tout du moins nous le fait croire. En fait, comme pour tout animal qui se respecte, il y a chez lui une interaction des sens. Tout se passe au niveau des connexions nerveuses et, chez les vertébrés supérieurs comme le chat, au niveau du cortex cérébral. La vision nocturne déjà très performante chez les félins est accompagnée de sens aiguisés en vue d'un but final, la chasse, donc la survie.

En domestiquant il y a au moins quatre mille ans les chats, nous avons perdu de vue (!) leurs étonnantes adaptations à cette existence forestière qu'ils pratiquaient autrefois. De plus, alors que dans la forme sauvage leur pelage était tigré pour mieux se dissimuler dans la nature, nous avons, par sélection, fabriqué des animaux à fourrure unie, même noire, à qui nous avons en sus attribué des pouvoirs diaboliques parce que liés à la nuit. Pour un peu on va bientôt prétendre qu'un chat en colère crache du feu! De vrais illusionnistes, nos minets...

La chouette voit-elle vraiment la nuit?

À la tombée de la nuit la chouette effraie, encore appelée la dame blanche, sort de sa léthargie pour se mettre en quête de nourriture. Comme elle est carnivore, son menu est principalement composé de petits rongeurs, tels les campagnols et les mulots, qu'elle ne chasse que de nuit. Enfin un animal vraiment nocturne, pensez-vous, car après tout le chat, entre deux roupillons, déambule volontiers le jour, ne serait-ce que pour réclamer sa pitance à un maître très vite exaspéré.

Les strigiformes, le groupe des rapaces nocturnes qui comprend les hiboux et autres chouettes, sont tous des prédateurs spécialisés dans la chasse nocturne et la consommation de petites proies... Et pourtant, tel le chat, dans le noir absolu ils ne voient rien. Comme quoi la nature est curieusement faite !

Une fois encore, c'est tout un système qui provoque une spécialisation particulière. De nombreuses modifications anatomiques permettent à ces oiseaux de nuit de capturer leurs proies sans même les distinguer de manière précise.

La vue est, comme pour les primates, le sens principal des oiseaux. Les chouettes ont donc, ainsi que toute la gent ailée, une excellente vision mais aussi une formidable audition. Il suffit de regarder la taille de leur crâne, assez grand pour ménager de larges ouvertures aux oreilles et des orbites oculaires beaucoup plus importantes que chez les autres volatiles.

Même cause, même résultat que pour notre ami le chat : les grands yeux de la chouette lui permettent d'avoir de grandes pupilles, lesquelles laissent entrer un maximum de lumière vers la rétine qui est plus proche du bord de l'œil que chez les mammifères. Le cristallin est aussi plus conséquent. Si l'on compare l'œil d'une chouette à celui d'un oiseau tel qu'une mésange ou même un aigle réputé pour son excellente vision diurne, il reçoit cent fois plus de lumière. L'acuité visuelle de la dame blanche est donc exceptionnelle.

Il est faux de croire que ces oiseaux voient bien dans la pénombre mais qu'ils sont malvoyants dans la lumière. La hulotte, plus diurne que sa cousine l'effraie, voit les couleurs, et dans la journée sa vision est aussi bonne que celle de n'importe quel pigeon. Les vrais animaux nocturnes ont donc des rétines entièrement tapissées de bâtonnets, ce qui n'est pas le cas de toutes les chouettes.

Certaines peuvent voir coloré, d'autres non. Une question d'adaptation et de cohabitation. Dans tous les cas, les yeux des chouettes sont deux à trois fois plus sensibles à la lumière que ceux de l'homme la nuit. Et pourtant, même si elle possède deux grands yeux ronds, l'effraie – la jolie dame blanche dont nous avons parlé – va principalement utiliser, pour chasser, ses extraordinaires capacités auditives. Elle est en effet capable d'entendre le frottement d'un stylo à bille sur une feuille de papier à plus de vingt-cinq mètres de distance... Une découverte de chercheurs certes peu utile dans la nature, mais réellement étonnante.

Une autre chouette, la lapone (qui comme son nom l'indique vit dans l'Extrême-Nord), est capable d'entendre bouger un campagnol sous cinquante centimètres de neige.

Les rapaces nocturnes allient donc le sens visuel à l'audition. Très sensibles aux hautes fréquences sonores qu'émettent les petits rongeurs la nuit, ou au bruissement des feuilles mortes et autres petits bois qui jonchent le sol des forêts, ils peuvent dénicher leurs victimes à coup sûr.

D'autres caractéristiques anatomiques leur permettent d'accroître encore leur ouïe. La couronne de plumes ou masque facial qui, en général, entoure la tête des oiseaux de nuit agit comme une véritable antenne parabolique et redirige tous les sons qui arrivent vers les oreilles. C'est particulièrement visible chez notre dame blanche, et ce magnifique « loup » blanc formé de plumes entourant ses grands yeux lui a valu son surnom.

Encore plus fort et plus singulier, les oreilles de l'effraie (ou plutôt ses opercules auditifs, car elle n'a pas de pavillons externes) sont placées de façon dissymétrique de chaque côté de la tête, derrière les yeux. Avoir une oreille plus haute que l'autre permet de déceler si le son vient d'en haut ou d'en bas. C'est grâce à cela que l'animal a vite fait de repérer sa proie dans l'obscurité totale alors que d'autres rapaces nocturnes, qui ont des opercules symétriques, en sont incapables. L'ouverture de l'oreille elle-même est impressionnante : c'est une fente verticale qui s'étend sur presque toute la hauteur du crâne. Si d'aventure vous la cherchiez sur la tête de dame chouette, elle est en plus dissimulée derrière un rabat de peau très emplumé.

Les chouettes, justement, utilisent différentes stratégies de chasse : elles peuvent rester postées sur un perchoir à l'affût du moindre bruit ou cri de rongeur, ou bien survoler le territoire en silence, à faible distance du sol. Elles sont même capables de descendre en piqué sur une proie sans même y jeter un œil. Elles sont en mesure de percevoir des sons provenant d'une direction horizontale quatre fois mieux que le chat qui, déjà, nous l'avons dit, a une bien meilleure audition que l'homme. Mais quand on vit dans les airs, il est également nécessaire de disposer d'un repérage vertical, puisque les animaux chassés courent en général sur le sol. La chouette repère la position exacte de la pauvre petite souris qui trotte dans l'herbe à un ou deux degrés près, ce qui donne une réception des sons différant selon l'oreille. Un radar plus que perfectionné !

Pour parachever le tout, les rapaces nocturnes volent sans aucun bruit grâce à leur manteau de plumes duveteuses (on prétend qu'ils auraient près de dix mille plumes). Ces plumes sont adaptées au glissement de l'air, et la légèreté de l'oiseau lui permet de fondre en silence sur sa proie. Les pattes courtes et emplumées, souvent jusqu'aux orteils, les protègent d'une quelconque réaction de leurs proies, si tant est que celles-ci puissent en avoir. Face à une telle machine à tuer, la souris détectée n'a presque aucune chance.

La chouette effraie, tout comme d'autres chouettes nocturnes, est aussi susceptible de chasser de jour, à l'aube comme au crépuscule, lorsque la lumière est faible. Elle y perçoit les reliefs et les distances grâce à sa vision frontale... Mais, car il y a toujours un mais (même dans la perfection), les yeux des chouettes ont un champ de vision réduit et sont pratiquement immobiles, ce qui donne à ces oiseaux un angle visuel inférieur à l'homme et à bien d'autres oiseaux comme les aigles ou les vautours, lesquels ont besoin, pour chasser, d'une vue extra-large.

Qu'importe, les chouettes ont trouvé la parade : un cou flexible qui leur permet de tourner la tête en tous sens, au point même de pouvoir regarder derrière elles sans inconvénient... ni torticolis. Quand on pense qu'un mâle chouette peut tourner la tête à sa chouette femelle a plus de deux cent soixante-dix degrés, on ne s'étonne plus de la fidélité des couples d'oiseaux ! Forts de cette prouesse, certains récits populaires prétendent que la tête de la chouette pourrait faire un tour complet dans la ronde des amours. Ne pas exagérer et tête froide garder !

Comment l'aigle, en planant, repère-t-il le lapin au sol ?

L'aigle, enfin un animal qui tient sa réputation ?

Depuis toujours il est l'emblème de la force, de la majesté et de la puissance. Avoir des yeux d'aigle, c'est avoir des yeux vifs et perçants ; avoir un regard d'aigle, c'est posséder un esprit perspicace et profond. On peut même parler d'une grande élévation d'esprit quand on dit de quelqu'un qu'il a un « vol d'aigle ».

L'envol de ce magnifique rapace considéré comme le roi des oiseaux lui permet de se placer au-dessus des contingences terrestres : il a été substitut du soleil pour les Aztèques, on l'a trouvé sur la coiffe des chefs indiens ; il a constitué l'insigne des légions dans la Rome antique et jusqu'au IVe siècle. Dès le XIe siècle il figurait sur les blasons des empereurs germaniques. Il fut, à deux têtes, l'emblème de la maison impériale autrichienne. Enfin, comme chacun le sait, il était le symbole de la Grande Armée de Napoléon Ier (même si cela n'a au final pas réussi à notre empereur ; rappelons-nous Victor Hugo : « pour la première fois, l'Aigle baissa la tête »...).

Mais d'où lui vient donc ce fabuleux palmarès ? Eh oui, bien sûr, de son œil perçant. La vue est, avec l'audition, l'un des deux sens les plus développés chez les oiseaux. Chez l'aigle, on le remarque tout de suite à son œil gros et profond, voire globuleux, qui joue le rôle d'un télescope. Cet œil est souligné par une arcade sourcilière saillante qui lui permet d'améliorer sa vision en diminuant l'éblouissement et le frottement de l'air lorsqu'il vole à grande vitesse. Qui volera verra.

À œil gros, puissante rétine. Cette dernière possède un nombre élevé de bâtonnets, très denses en particulier dans deux zones différentes qui constituent les fovéas.

La première, la fovéa centrale, va permettre à l'aigle une vision monoculaire, sans relief, sur l'ensemble du champ visuel. C'est elle qui est sollicitée lors de la recherche d'une victime. La seconde, la fovéa temporale, est responsable de la vision binoculaire sur une zone beaucoup plus précise du champ de vision : vers l'avant et le bas, soit juste au niveau des pattes lorsqu'elles sont tendues afin d'agripper la proie. Elle va surtout permettre à l'oiseau un agrandissement de l'image dans cette zone de quatre à huit fois supérieure à celle du reste de l'œil.

Cela ne vous rappelle rien ? Si, des lunettes à double foyer que l'aigle n'a certes point chaussées mais qu'il possède, structurellement, dans son globe oculaire. On en rêverait, même si chez lui la zone grossissante ne sert pas à enfiler du fil dans le chas d'une aiguille.

En résumé, l'œil de l'aigle possède plusieurs armes redoutables pour la chasse : elles lui permettent tout à la fois de rechercher une proie potentielle sur une large distance, avec une excellente vision et une approche très précise, de façon à la capturer sans faille... L'aigle peut ainsi repérer un lapin à plusieurs centaines de mètres et un lézard à quatre cents mètres, sur lesquels il peut fondre en piqué à la vitesse de l'éclair. Nous, il nous faudrait des jumelles grossissant un minimum de six fois... Et, bien sûr, savoir voler. Que voulez-vous, nous ne sommes pas des aigles !

Royal, l'aigle ? Il suffit de le voir planer avec une envergure pouvant atteindre les deux mètres trente de largeur. Cruel malgré tout, puisque dans les Alpes, où il n'en subsiste que quelques couples, sa proie principale reste la « gentille » marmotte, à laquelle bien sûr viennent s'ajouter lièvres, bébés chamois et chevreuils. Pour écorner son image on peut ajouter que l'hiver, lorsque les proies vivantes sont rares, il est volontiers charognard, et que de toute façon, pour que sa vue soit optimale, il lui faut beaucoup de lumière. Donc il ne peut chasser que pendant la journée.

Enfin on signalera que, placés dans de mêmes conditions, quand l'aigle voit un lapin à deux kilomètres le faucon repère un pigeon à huit! Quant à l'aigle martial, l'un des plus grands d'Afrique, s'il peut prendre son élan depuis une altitude de six mille mètres pour fondre sur une pintade invisible aux yeux humains, il ne la distinguera précisément qu'à mille cinq cents mètres. Alors, inutile de chercher à l'abattre par nos railleries, cet empereur des oiseaux, bien des sots s'en sont déjà chargés. Et disons-le haut et fort, évitons que pour la deuxième fois l'aigle ne baisse la tête, son avenir est déjà assez incertain comme ça.

Comment appeler son chien à plus de un kilomètre sans crier ?

Si l'on vous demande quel est le sens principal du chien, vous répondrez le flair... Et vous aurez raison. De là à penser qu'il suffit de se positionner à un kilomètre de votre chien pour qu'il vous repère, il n'y a qu'un pas que vous ne devez pas franchir. Doté d'un système olfactif très performant, le chien peut certes détecter les odeurs à des concentrations ultrafaibles, mais il lui sera très difficile de vous sentir d'aussi loin. Il faudrait pour cela des circonstances exceptionnelles, une trace odorante qui conduise jusqu'à vous et qu'aucun obstacle ne brouille la piste. Votre animal peut y arriver s'il est bien secondé et s'il a été entraîné au préalable. Sinon Rantanplan, le chien de Lucky Luke, semblera une lumière par rapport à lui !

Reste l'audition. Si le chien de forme primitive (comme le chien loup) a de grandes oreilles, c'est probablement pour mieux nous entendre. Oui et non. L'audition du chien est orientée vers la proie et le bruit qu'elle fait en se déplaçant. Il peut aussi distinguer les vocalises de ses congénères. Mais, et c'est ce qui nous intéresse, en meute il est capable de communiquer à distance avec une autre meute située très loin, souvent à plus de un kilomètre ; oui mais en ultrasons, que nous n'émettons pas et que nous n'entendons pas. Alors il est possible d'appeler son chien sans crier à plus de un kilomètre si l'on a sur soi un sifflet à ultrasons... Ce qui n'est pas toujours le cas.

Le toucher et le goût impliquent un contact étroit entre l'émetteur (l'homme) et le récepteur (le chien). On peut donc éliminer ces deux sens. Reste la vision. On en a parlé précédemment, c'est loin d'être un sens principal chez le chien, et on voit mal de prime abord comment un animal quasi myope peut distinguer un homme situé à une telle distance. Et pourtant il le peut.

S'il est un réflexe extrêmement puissant chez le chien, c'est celui de la poursuite, donc du mouvement ! Votre animal est un chasseur suiveur et pour cela il lui faut une excellente perception du mouvement, à seule fin de repérer une proie qui cherche à s'enfuir. Dans une troupe de cervidés – si vous en rencontrez – votre chien va sur-le-champ repérer l'animal blessé. Celui-ci, effrayé comme les autres, s'enfuit mais trébuche quelque peu. Et l'instinct de chasseur de votre compagnon de se réveiller encore plus fort que si tous les animaux détalaient à la même vitesse. Un bon chien doit savoir chasser sans chercher.

Il peut tout aussi bien repérer le mouvement vif d'une main à plus de un kilomètre. Si vous êtes dans un pré et que vous voulez qu'il vienne se coucher à vos pieds, évitez de vous égosiller. Tant que vous êtes immobile, il ne bougera pas. Mais dès que vous lèverez la main, il se précipitera. De plus, pendant toute sa course, son cerveau va bien entendu utiliser la vision ainsi que certains signaux qui proviennent de capteurs situés sur les muscles. Il coordonne ainsi sa course, affine votre position... puis utilise ses autres facultés pour vous identifier.

Hélas pour lui, peu habitué à chasser, le chien citadin a perdu beaucoup d'autres interactions existant entre ses propres attitudes et celles d'une proie devant un prédateur, tel le réflexe d'évitement par saut de côté ou saut en hauteur. Tout au long de sa croissance, s'il vit en meute et chasse avec ses parents, ces mécanismes sont mémorisés et sans cesse réactivés dans son cerveau. Cet apprentissage crée des réseaux nerveux qui pourront servir plus tard, quand il devra chasser seul. La réaction de la proie peut même être anticipée grâce à ce phénomène.

Seuls quelques chiens de chasse usent encore de ces instincts ancestraux. Notre bon Médor est désormais plus accoutumé à observer notre comportement puisqu'il vit à nos côtés. Un simple salut à un voisin, ou pire au facteur qui vient porter le courrier tous les jours au bord de la propriété, donc du territoire de notre brave toutou (geste menaçant et en tous les cas incongru pour notre animal), peut être mal interprété. Un coup de gueule voire un coup de dents est si vite parti ! Il faut l'en excuser et surtout ne pas crier, car alors Médor croit que vous l'encouragez et continue de plus belle. Quant au vélo qui passe devant la maison, lui aussi peut réveiller des souvenirs de chasse... Et provoquer bien des quiproquos !

Pourquoi la mouche s'envole-t-elle toujours quand on veut l'attraper ?

La mouche est vraiment un insecte exaspérant ! Qui d'entre nous, installé en pleine campagne pour pique-niquer un beau jour d'été, n'a pas maugréé contre cette saleté de bestiole qui se pose ou s'envole autour du repas et gâche les festivités ? D'accord, à présent nous le savons, c'est pour mieux goûter à notre nourriture. Il n'en reste pas moins que cette pique-assiette n'était pas invitée.

Et en plus, dès que l'on cherche à attraper cet hôte indésirable (juste pour l'éloigner, on ne ferait pas de mal à une mouche), celle-ci se transforme en as de la voltige et se révèle impossible à capturer !

La mouche appartient à l'ordre des diptères, que l'on trouve dans le monde entier. Les seuls insectes à ne posséder que deux ailes. Et cette sale mouche de s'envoler à tire-d'aile au moindre mouvement...

Si l'on regarde de près une mouche, les yeux dans les yeux (ce qui pourrait être facile chez elle si elle n'était pas si agitée, puisque ces derniers couvrent la majeure partie de la tête), on peut constater en étant quelque peu observateur qu'ils occupent différentes positions en fonction des espèces et, quand on est averti, déterminer le sexe de l'animal (puisque les mâles ont de plus gros yeux).

Comme presque tous les insectes la mouche a un œil composé, comprenant en fait des centaines de petits yeux élémentaires souvent assemblés en hexagones.

Ces yeux microscopiques, encore appelés facettes, forment une image faite de taches disposées en mosaïque : d'une certaine manière les mouches procèdent de l'école de peinture appelée pointillisme. Sauf qu'elles n'ont probablement pas un cerveau d'artiste (encore que rien ne permet de l'affirmer). Chaque facette est constituée d'un cristallin en surface et d'une autre lentille conique à l'intérieur, laquelle va concentrer la lumière vers un bâtonnet rétinien sensible à la lumière, et directement relié au nerf optique par lequel l'information arrive au cerveau.

En somme rien de bien extraordinaire, si ce n'est cette multitude de facettes. Chaque facette possède ses capteurs photoélectriques reliés entre eux et raccordés à l'ensemble du réseau de communication. Ce procédé sophistiqué permet à la mouche de percevoir les intensités lumineuses et les mouvements de manière instantanée, et surtout sans tourner la tête puisque la sphère de l'œil oriente chaque groupe de lentilles dans différentes directions.

Et voilà pourquoi la mouche nous embête ! Hypersensible au mouvement et à la lumière, elle perçoit non pas notre agacement (dont elle se moque bien) mais nos gestes brusques, conséquences de notre irritation. Eh oui, tout ça pour ça : trois mille facettes composant chacun des yeux de la mouche et derrière chaque facette huit neurones récepteurs, soit quarante-huit mille sources de signaux électriques en tout, lesquelles transmettent l'information visuelle à un autre réseau de neurones spécialisés qui la traitent en temps réel. Tout ça dans la tête d'une mouche !

Avec sa vision panoramique et le câblage spécialisé du système visuel, lui-même couplé à un système moteur de dix-huit paires de muscles réglant en permanence ses battements d'ailes en cours de vol, la mouche est pour ainsi dire impossible à capturer pour un humain. Sans tapette, point de salut... Ou beaucoup de chance ! Car, pas folle, la mouche perçoit dix fois plus rapidement les mouvements que l'homme et se sauve quatre fois plus vite.

Un million de neurones rien que pour vous importuner, c'est franchement agaçant !

L'escargot peut-il voir quelque chose s'il ne déploie pas ses antennes ?

Beaucoup d'entre nous, culpabilisés d'avoir écrasé un escargot qui sort à la rosée du matin, maugréent tout à la fois contre lui et contre eux-mêmes : il n'avait qu'à regarder devant lui. Mais qu'est-ce que ça peut bien voir, un escargot ?

De toute façon, l'escargot est un animal tordu. Sa coquille est spiralée ou biscornue selon les espèces. Il n'a presque ni queue ni tête : heureusement qu'il a des antennes, sinon on resterait perplexe. Quant à lui, même ses deux radars bien déployés, il ne vous distingue pratiquement pas.

Et pourtant chaque œil est situé sur le bouton terminal des deux grands tentacules et permet ainsi à l'animal de contempler le monde. Oui, mais quel monde ? Bien que parfaitement constitué, l'œil de l'escargot a un pouvoir visuel ultrafaible. Il ne perçoit que des objets de couleur claire et à très faible distance, de deux à dix millimètres. S'il se dirige, le mollusque, c'est au toucher : avec ses tentacules tactiles (car il en a d'autres, mais dirigés vers le bas) et en tâtant avec précaution le terrain qu'il parcourt, on le sait, à petite vitesse.

On a longtemps supposé que les yeux des escargots distinguaient la lumière de l'obscurité, puisque, le petit-gris, celui de nos campagnes, se réveille et s'active en fonction de la luminosité. En fait, il se déplace en fonction de l'humidité de l'atmosphère ; c'est pourquoi nous en écrasons tant pendant les nuits pluvieuses.

Pourtant, il perçoit quelque peu l'intensité de la lumière et l'orientation de la source lumineuse, qui peuvent parfois le guider. Mais franchement, suivant nos critères, il est quasi aveugle. Il fonctionne surtout à l'odorat, suivant souvent ses propres traces (qui se connaît bien ménage sa monture).

Parfois même l'inconscient, enivré par quelque nourriture terrestre, peut lancer son gros pied musculeux à l'assaut d'une succulente salade qu'il va déchiqueter de sa dent cornée puis la réduire en morceaux à l'aide de sa radula, une sorte de râpe située sur sa langue. Une curieuse bestiole que notre escargot !

De fait il a un vrai problème : on l'a dit, il n'a guère de tête. Tant au sens propre qu'au figuré. À la place du cerveau il possède juste quelques ganglions mais bien sûr pas de vrais réseaux nerveux comme la mouche auparavant citée. Un simple monde de réflexes l'anime.

L'escargot étant un être simple, voire simplet, il ne dispose que de quelques milliers de neurones. En plus, dans son système nerveux l'influx circule très lentement, comme lui-même. Si par méchanceté vous le piquez avec une aiguille il souffrira, car il est loin d'être insensible. Mais avant qu'il y ait une réponse musculaire et qu'il s'éloigne, plusieurs secondes peuvent s'écouler. Cerveau, quand tu nous fais défaut !

Pour les scientifiques, il y a trois sortes de mondes animaux : un monde primitif de réflexes, dont participe l'escargot, fait de comportements élémentaires. Les pauvres êtres qui sont classés dans cette catégorie disposent d'un câblage primaire, lequel ne se modifie que fort peu tout au long de la vie. Ces animaux n'apprennent pas grand-chose pendant leur existence et se contentent d'agir grâce à de simples réflexes de survie. Beaucoup de mollusques et autres gastéropodes ont été, c'est fort triste pour eux, classés dans cette catégorie ; par chance, ils n'en ont aucune conscience... Heureux les simples d'esprit, mais ce n'est pas une raison pour les écraser.

Au-dessus se situe le monde des réseaux, celui de la mouche, l'« emmerdeuse », un monde dit de programmes dans lequel le cerveau compte des centaines de milliers voire des millions de neurones qui peuvent fonctionner en réseaux donc analyser de nombreux signaux : mouvements, formes, etc. Ces réseaux permettent à l'animal de se situer dans l'espace ; il peut aussi contrôler et coordonner ses mouvements, mémoriser des expériences et programmer des comportements élaborés à partir d'un apprentissage. C'est le début de « l'intelligence », même si elle reste limitée, et c'est là en majorité le monde des insectes. Aussi, quand la guêpe bourdonne à votre oreille ou lorsque le moustique vous importune la nuit, ne râlez pas, ne grognez pas, admirez en eux l'émergence d'un QI. Vous verrez, ça calme !

En haut du panier se trouve le dernier monde, celui dans lequel nous sommes, un monde d'innovations. Ici les neurones se comptent par milliards, les connexions sont infinies, la mémoire se révèle énorme, l'apprentissage varié. En effet, de façon à pouvoir évoluer tout au long de la vie, il convient de sans cesse s'adapter à de nouvelles situations, donc d'inventer des comportements inédits. Dans ce monde, l'animal (et l'homme) interagit avec son milieu en se le représentant, même s'il est différent pour chaque espèce, et en prévoyant des réactions appropriées. Nous sommes dans le domaine de la cognition pour l'animal et de l'intelligence pour l'homme. L'animal reconnaît son monde, l'homme sait qu'il le connaît ou tout du moins croit le connaître. D'où ses doutes et ses souffrances métaphysiques.

Très loin d'une pareille sophistication, notre ami escargot – le bienheureux benêt – a droit à toute notre indulgence. Il peut même prétendre à notre respect puisqu'il peut se dresser au passage de notre ombre, si nous daignons rester près de dix secondes au-dessus de lui. Vous le verrez alors faire le beau et dresser avec magnificence tout l'avant de son cou musculeux ! À chacun ses exploits...

Si un caméléon se déplace entre une fourmi et une sauterelle, les voit-il en même temps ?

Quand on pense au caméléon on pense à sa langue, à ses changements de couleur, à son allure de feuille aplatie et à sa démarche saccadée, jamais à ses yeux ; et pourtant c'est peut-être la spécificité de ce drôle de lézard : chaque œil protubérant est recouvert d'une grosse paupière en forme de petit périscope et, surtout, chacun pivote indépendamment de l'autre ! En somme le caméléon peut tout à la fois surveiller le sol et regarder en l'air puisqu'il a, comme on dit, toujours un œil qui dit m... à l'autre.

Nous le savons désormais, c'est le cerveau qui voit : alors le caméléon a-t-il, comme on le prétend, deux cerveaux ? Comment voit-il le monde ? En deux parties scindées ?

Il n'a évidemment pas deux cerveaux logés dans sa minuscule boîte crânienne mais un seul dans lequel on pense que les informations visuelles des deux yeux ne se rencontrent jamais. Il ne jouit d'aucune perception des reliefs et n'apprécie pas les distances comme nous. Et pourtant c'est un redoutable chasseur à l'affût : il peut rester immobile tout le long du jour, ses deux yeux scrutant le paysage avoisinant telles deux longues-vues autonomes. Et soudain il fait mouche... capturant cette dernière à l'aide de sa célèbre langue. Sans même un coup de griffe. Après l'avoir étourdie et engluée de salive, il la rapporte à sa bouche pour mieux la croquer de ses petites dents, qu'il a très acérées.

Comment fait-il donc ?

On a longtemps pensé que, dès qu'il repérait un insecte d'un côté, il tournait la tête vers lui, faisait alors converger ses deux yeux vers sa proie, la vision binoculaire permettant ainsi une meilleure appréciation de la distance. On considère que le champ visuel d'un caméléon est équivalent à celui d'un téléobjectif de cent à cent trente millimètres. Tel un chat s'approchant furtivement d'une souris, on croyait qu'il avançait lentement vers sa victime, qu'il s'arc-boutait alors sur ses pattes et que – ses deux yeux braqués vers la proie ainsi localisée lui indiquant la bonne distance – il ouvrait la bouche et frappait le criquet de sa langue terminée par une massue à une vitesse de détente de l'ordre du vingt-cinquième de seconde, ne laissant aucune chance au pauvre assommé.

De nouvelles études ont contrecarré cette théorie ; le caméléon mesurerait la distance grâce au réglage de chaque œil. Le cerveau capterait alors cette mise au point et analyserait la distance qui le sépare de sa proie. L'information de chacun des yeux est ensuite comparée par le cerveau qui affine sa position. Enfin, le caméléon détectant principalement les mouvements, même si l'image est floue, lance sa célèbre langue « uppercut » à coup sûr.

Par ailleurs le caméléon voit en couleurs ; sa cornée, minuscule par rapport à la taille du globe oculaire, permet malgré tout le passage de la lumière vers une rétine formée uniquement de cellules en cônes (sa vision des couleurs est proche de celle de l'homme, excluant l'ultraviolet et l'infrarouge). Et peu importe que l'insecte chassé soit noir et blanc : rien ne l'arrêtera, il le gobera quand même !

Pour en revenir à la question posée (si un caméléon se déplace entre une fourmi et une sauterelle, les voit-il en même temps ?), tout dépendra donc de la position des deux insectes ; n'oublions pas que le caméléon peut vite braquer chaque œil dans toutes les directions, suivant un arc proche de cent quatre-vingts degrés ; il peut donc voir devant, derrière et sur les côtés. Dès lors il est bien sûr capable de les voir tous les deux en même temps, mais c'est probablement la sauterelle qui sera dévorée la première. Primo, parce que c'est le plus remuant des deux insectes (le mouvement est primordial pour la vision du caméléon) ; secundo, parce que c'est l'un des mets favoris du caméléon. Eh oui ! Si le caméléon est insectivore, il a des prédilections ; la sauterelle est toujours appréciée, suivie des mouches, abeilles et papillons, voire des araignées. Quant aux fourmis, petites et piquantes, elles ne sont consommées qu'en cas d'extrême disette...

Pourquoi la grenouille fait-elle toujours mouche ?

Il pleut, il mouille, c'est la fête à la grenouille : la voilà de sortie. Pourquoi ? Pour chasser tout ce qu'elle aura à portée d'œil et de langue, vers et insectes en grande quantité. Car ce chasseur est un prédateur réputé pour son efficacité. La grenouille est comme le caméléon capable de propulser sa langue (même si celle-ci est moins longue) sur ses proies sans coup férir et sans beaucoup d'erreurs. Comment fait-elle ? Elle aussi serait donc capable de loucher à volonté ?

Pas vraiment, non. Les yeux de la grenouille sont beaucoup plus gros et plus ronds que ceux du caméléon, tout le monde l'a remarqué. De surcroît ils fonctionnent différemment. Déjà, à l'inverse du lézard précité, ils opèrent tous deux en même temps pour repérer leurs futurs victimes ; ils sont positionnés frontalement, ce qui permet à leur propriétaire amphibien d'évaluer les distances, mais d'une façon plus calibrée que les oiseaux et les mammifères qui ont des cerveaux plus évolués.

Deux phénomènes déterminent la précision de chasse des grenouilles et crapauds : au niveau des yeux tout d'abord, chez beaucoup d'espèces la rétine est pourvue de récepteurs appelés détecteurs d'insectes, ou *« bug detectors »*, la mode étant à l'anglicisme. Très aiguisés, ces récepteurs réagissent à la présence de petits objets, en l'occurrence des insectes ou des vers, et c'est grâce à eux que la grenouille peut gober à loisir cette prétendue vermine qui fait ses délices.

Chacun ses goûts. Heureusement d'ailleurs qu'elle aime cela, notre rainette, car au passage elle est conditionnée à ne voir rien d'autres que des insectes ; une adaptation aussi naturelle qu'irrésistible, puisque les neurones très spécialisés agissent alors comme des filtres et qu'à ce moment précis elle ne peut voir les bestioles qui composeront son repas !

C'est une chance que la nature ne nous ait pas dotés de systèmes aussi sélectifs, car on n'ose à peine imaginer un tendre tête-à-tête dans ces conditions. On ne pourrait pas déguster et se manger des yeux à la fois !

On a découvert chez le crapaud une étonnante organisation faite de deux structures nerveuses : l'une, le *tectum* ou toit optique, est responsable du comportement de chasse. Toute forme étirée en mouvement horizontal est considérée comme une proie et donc systématiquement attaquée. A contrario, si ce même objet se déplace de manière verticale, le crapaud va se sauver.

Le système se complique par une seconde structure (région prétectale) qui va provoquer des réactions de fuite si la proie dépasse une certaine taille.

En somme, un serpent (allongé vu sa forme naturelle) qui passe à proximité du crapaud est identifié non pas comme un super-vers que l'on peut avaler goulûment mais comme un ennemi potentiel. Ce système de conditionnement évite à notre ami crapaud bien des déboires. Et si cela vous fait sourire, pensez que lorsque nous étions au paradis cela aurait pu nous servir. Le libre choix n'a pas que des avantages !

De toute façon, la grenouille a toujours été objet de méprises, voire de mépris de la part de l'homme. Ne prétend-on pas qu'elle peut prévoir la météo en grimpant sur une petite échelle ? N'importe quoi !

On utilise simplement la grenouille comme baromètre vivant parce qu'une fois encore, tel le caméléon, elle possède dans les cellules du derme des pigments qui lui confèrent la capacité de changer de couleur en fonction de la température. Elle aussi, donc, s'assombrit quand il va pleuvoir. Mais elle, elle s'en réjouit sûrement. La pluie fera éclore des moustiques et autres insectes piqueurs qu'elle repérera facilement et vous en serez fort aise. Un moustique avalé par elle, un risque de piqûre en moins pour vous !

Un lévrier et un chat persan ont-ils la même vision du monde ?

Le lévrier étant un chien et le persan un chat, on en déduit qu'ils ne peuvent pas voir le monde de la même façon, ne serait-ce que du point de vue du comportement. C'est exact.

Le chien est un carnivore social. Ce qui compte, dans sa vie, c'est sa meute, souvenir ancestral d'autrefois, quand il était loup il y a plus de dix mille ans, avant que l'homme ne le domestique et ne le transforme en chien et – pour ce qui concerne notre ami le lévrier – en race hypersélectionnée pour la course. Tout ça afin de se retrouver soit dans un appartement trop étriqué pour cette machine à courir, soit affublé d'une laisse et d'un collier, en train de courir, certes, mais dans les magasins avec une maîtresse énervée. Enfin ! On ne choisit pas sa famille (c'est elle qui remplace la meute) et on ne mord pas la main qui vous nourrit... Surtout quand elle vous offre des conserves de luxe ou des croquettes extrafines.

Le chat, lui, est un carnivore solitaire. Ce qu'il veut avant tout, le félin ? La tranquillité. Dormir au faîte d'un arbre, en rêvant à la proie qu'il chassera peut-être, si le cœur lui en dit, s'il n'est pas trop fatigué, au crépuscule. Son maître (!), il l'a accepté ou plutôt toléré il y a près de quatre mille ans, quand lui, Sa Majesté le chat, s'est approché des habitations humaines, tout d'abord de façon furtive, pour y chasser les rongeurs, et ensuite définitivement, quand on lui a fourni sa pitance. Après tout, cela lui permettait de dormir quelques heures de plus...

Alors, lévrier et matou peuvent-ils s'entendre ? Sûrement pas lorsque l'un court au sol comme un dératé tandis que l'autre roupille juché sur le haut du meuble en le surveillant d'un œil.

Même si on les a réunis sous le même toit, leurs mondes divergent. Nature profonde, quand tu nous tiens !

Il n'en reste pas moins que tous deux sont en théorie des prédateurs chassant à l'aube ou au crépuscule, voire la nuit, en se souciant d'abord et avant tout de la vitesse et de la trajectoire de leurs proies. Mais là encore, deux possibilités, celle du roi fainéant (vous l'aurez reconnu) qui attend et chasse à l'affût, et celle du socio-familial qui court en groupe et se fatigue en même temps qu'il épuise sa victime avant de lui sauter dessus.

À chacun sa technique mais, dans tous les cas, peu importent les couleurs des proies. Qui se ressemble s'assemble. Chiens et chats enfin réunis ont une vision des couleurs limitée : l'absence de cellules rétiniennes sensibles au rouge implique une palette visuelle bleu-vert délavée. Les caractéristiques optiques de leurs yeux leur donnent un aperçu du monde très flou.

Plus nocturne, on l'a vu, le chat est bien moins gêné par le manque de luminosité que le chien, puisque c'est un phénoménal capteur de lumière. Le chien compensera ce déficit par un odorat très fin (il suffit de regarder la longueur de son museau). Minet s'en moque. Il n'est pas cabot ; c'est un animal d'ombre, pas de lumière... Cela lui a coûté assez cher en superstitions pour que cela soit ici souligné.

À l'inverse de son comparse, Médor le chien supporte mieux une forte luminosité, même si lui aussi possède une structure réfléchissante, le fameux tapis rétinien déjà évoqué pour minet. Pourquoi alors notre ami Médor est-il moins aveuglé ? Du fait de la position de ses yeux. L'homme a fabriqué quelques centaines de races de chiens, grâce à l'espèce souche : le loup. Toutes les races de chiens dérivent de cet ancêtre ; en somme, dans chaque chien un loup sommeille... Et un homme averti en vaut deux. Même un york est un loup dans sa tête, pas un objet à friser !

Cette spécificité (probablement génétique) de leur aïeul a permis aux chiens de ne pas tous avoir la même tête. Il en est de longilignes, au profil convexe – comme notre lévrier au museau allongé –, des brachycéphales, la tête courte et écrasée (comme les bouledogues au profil concave), d'autres au profil plus rectiligne, plus proche du modèle primitif, comme le berger allemand...

Ces diverses morphologies interviennent dans la position des yeux, ou plutôt dans la position des orbites sur le crâne, transformant alors le champ visuel des chiens.

Les chats, répartis en soixante races environ, ont tous une vision frontale. Comme l'homme : cela leur permet de mesurer avec grande précision les distances, donc de capturer leurs proies. Et surtout, comme ce sont des animaux volontiers arboricoles, ils peuvent sauter de branche en branche. Même cause, même effet : nous avons nous aussi des yeux frontaux, résurgence de l'époque très lointaine où nous vivions dans les arbres et cueillions des fruits.

Chez le chien, dans la plupart des cas les yeux sont placés de chaque côté de la tête ; cette position latérale des yeux se retrouve souvent chez les animaux qui recherchent leur nourriture en marchant. Un large champ visuel permet de repérer une proie dans un milieu que l'on appelle ouvert, tel que plaines, broussailles ou forêts très claires, milieux dans lesquels chassaient le loup. Mais du fait de sa sélection artificielle par l'homme, le champ visuel du chien est parfois plus vaste que celui de son ancêtre le loup. Il peut atteindre jusqu'à trois cent cinquante degrés chez le lévrier, qui peut même vous apercevoir alors que vous vous approchez par l'arrière.

Mais attention, le lévrier ne voit en relief que devant lui, juste au carrefour des champs visuels des deux yeux ; cela signifie qu'il ne voit en trois dimensions que dans une zone étroite, et de face. Aussi, comme il ne dispose que d'une image en deux dimensions pour le reste, il est obligé de se retourner pour évaluer la distance à laquelle vous vous trouvez. Ce n'est ni un salut courtois, ni un geste d'hostilité, c'est une simple mise au point oculaire. Ne vous avisez pas de confondre le sens de ce retournement de situation. Comme au théâtre, en cas de geste mal interprété il pourrait vous en coûter. Même si les lévriers sont réputés pour leur gentillesse, il ne faut rien exagérer.

Car seule la vision frontale autorise une vision binoculaire et en trois dimensions, le cerveau pouvant opérer la superposition des deux images et dès lors évaluer l'épaisseur comme la forme de l'objet ou du sujet identifié, de même que sa véritable dimension. De chaque côté des yeux (naturellement opposés puisqu'ils sont de chaque côté de la tête), il y a ce qu'on appelle des zones monoculaires. Le rendu de l'image est alors moins précis, le cerveau ne pouvant pas superposer les deux images recueillies indépendamment par chaque œil qui a, dans ce champ, une vision différente. En somme, dans ce cas-là, on a plutôt le fond que la forme et le flou plutôt que le fin.

Si un lévrier vous contemple de face, l'extrême contour de vos formes peut être imprécis. Ne vous inquiétez pas, pour lui le look ne compte pas et il vous aimera tout autant.

Quant au chat persan, avec ses yeux globuleux et frontaux, il vous verra un peu mieux au niveau des formes mais tout aussi flou sur l'ensemble du corps du fait de ses yeux très rapprochés et bombés. Cela ne l'empêchera pas, soyez-en sûr(e), de ronronner de plaisir en vous rencontrant, ni même, afin de mieux vous observer, de jouer à chat perché. De toute façon, l'amour est aveugle.

Une abeille voit-elle les couleurs des fleurs qu'elle butine de la même façon que nous ?

Quand on pense abeille, on pense fleurs, donc couleurs. De là à penser que, comme nous, elles apprécient les couleurs vives telles que le rose carmin, le jaune citron ou le vert pomme, il n'y a qu'un pas que nous avons, toujours par anthropomorphisme, aussitôt franchi. Et comme bien souvent, nous l'avons compris, nous nous leurrons.

De même que beaucoup d'insectes l'abeille perçoit les couleurs, c'est déjà ça, mais tout à fait différemment de nous qui distinguons le bleu, le vert et le rouge. Au point que beaucoup de scientifiques s'interrogent encore sur la façon dont elle les voit, du fait de la différence de nos cerveaux respectifs. Pourtant, comme les humains, elle possède trois types de pigments visuels et a donc ce qu'on appelle une vision trichromatique. Seulement voilà, elle ne voit pas le rouge qu'elle confond avec un gris foncé ; sa sensibilité va à l'ultraviolet, le bleu et le vert.

Comment pouvons-nous savoir cela ? Déjà l'appréciation de la couleur d'un homme à l'autre est délicate, alors avec un insecte...

Un exemple humain, prenons le cas des daltoniens. C'est connu, ceux-ci souffrent d'un déficit ou d'une modification d'un des pigments visuels ; d'où une certaine confusion de la couleur qui dépend du signal du cône déficient.

On sait le calculer, on sait en parler, on sait surtout expliquer à un daltonien que cette veste à carreaux rouges est mal assortie au vert de son pull mais, dans le fond, on ne peut se mettre à sa place et on n'a aucune idée de la façon dont il croit s'être habillé.

Sans parler de la représentation que l'on se fait de la mode et du ridicule. Admettons que notre daltonien confonde le vert et le rouge : comment lui apparaissent en fait ces couleurs ? On a pu, parce que certains individus voient « normalement » d'un œil, en discutant avec eux, reconstituer à peu près leur monde visuel. Mais cela est resté très approximatif.

Le moins qu'on puisse dire est qu'avec l'abeille, les échanges verbaux sont difficiles. Aussi a-t-on tout simplement mené des expériences, et plus précisément von Frisch qui pour cela obtint le prix Nobel en 1973 (en même temps que le célèbre Konrad Lorenz pour ses études d'éthologie, c'est-à-dire l'étude du comportement animal). Afin de tester leur vision des couleurs (phénomène nié pendant très longtemps), dès 1910 ce savant dressa des abeilles à butiner dans une coupelle de verre contenant de l'eau sucrée posée sur une feuille de papier coloré. Après plusieurs voyages des abeilles entre les coupelles et la ruche, il remplaçait les coupelles pleines par des vides mais contenant des feuilles de papier de couleurs différentes. Il observait ensuite sur quelle coupelle les butineuses se posaient.

Les abeilles de von Frisch se posèrent toujours sur la feuille de la couleur utilisée dans l'expérience, sauf lorsque la couleur était le rouge, qui était confondu avec le gris. Cela démontrait que les abeilles ne voyaient pas le rouge.

À son grand étonnement, von Frisch remarqua que les butineuses différenciaient des coupelles présentant pourtant la même nuance de gris mais provenant de fournisseurs différents. Il crut d'abord à un problème d'odeur puis comprit qu'une des cartes reflétait plus que l'autre la lumière ultraviolette perçue par les abeilles comme une couleur distincte. C'était révéler, au début du XXe siècle encore dubitatif quant à l'évolution décrite par Darwin quelques décennies plus tôt, que les insectes possèdent des facultés supérieures à l'homme. Et ce fut une révolution dans le monde des sciences mais aussi pour les sceptiques. Un sixième sens résolu !

Les collaborateurs et successeurs de ce grand scientifique s'attachèrent à démontrer les capacités d'apprentissage des abeilles. Les couleurs étaient présentées à chaque butineuse : l'une avant qu'elle ne se pose, l'autre pendant qu'elle se nourrissait, et la troisième lorsqu'elle s'envolait. À chaque retour de la ruche l'ensemble de ces trois teintes était offert aux insectes. En majorité les abeilles requises ont mémorisé la première couleur, c'est-à-dire celle qu'elles ont perçue avant de se poser, mais cette information a dû être consolidée par de nombreuses visites afin de renforcer la fiabilité du souvenir. La preuve était donc faite que non seulement ces insectes reconnaissaient les couleurs mais qu'en plus ils étaient capables de mémoire et d'apprentissage.

L'intérêt de cette faculté est bien sûr de permettre aux hyménoptères (le nom scientifique du groupe, c'est-à-dire l'ordre où sont classées les abeilles) de reconnaître les abondantes sources de nourriture.

Cela démontrait qu'au contraire de la théorie de Descartes (selon laquelle l'animal est une simple machine sans émotion, et naturellement sans pensée), même de toutes petites bestioles pouvaient apprendre et faisaient donc preuve d'une forme « d'intelligence » que l'on nommera ensuite cognition animale (connaissance de son monde).

L'équipement visuel et sensoriel de l'abeille est donc performant et complexe ; il lui permet d'apprécier les ressources de son environnement pour assurer sa survie et, en tant qu'insecte social, celle de ses congénères. Une certaine forme d'altruisme !

En dehors de la couleur, l'abeille peut distinguer les formes, même si cette faculté est moins nette chez elle que chez l'homme. Elle peut reconnaître une forme voisine de l'étoile, qui ressemble en fait à beaucoup de fleurs, mais confondre un triangle et un rond ayant une même surface, ces figures n'appartenant pas à son univers. Elle repère entre autres, sur les pétales des fleurs, des dessins caractéristiques que l'on pourrait appeler guides de nectar, lesquels réfléchissent les ultraviolets et ne sont donc visibles que par les insectes qui apprécient ces longueurs d'ondes. On ignore ce qu'il en est de sa perception du noir et du blanc.

L'abeille, de plus, perçoit bien mieux que nous les mouvements. Sa vitesse dite de fusion est de trois cents images par seconde alors que chez l'homme elle est juste de vingt-quatre. Dans le cadre des super-sens, l'abeille s'oriente en fonction de la polarisation de la lumière, ce qui lui permet de se localiser par rapport au ciel bleu ou au soleil même si elle ne le voit pas.

Enfin, comme toujours dans l'empire des sens, l'odorat qu'elle a très fin, le toucher et l'ouïe très sensibles, ainsi bien sûr que le goût, spécialement le sucré, l'aident à parfaire sa connaissance du monde. Un monde merveilleux, celui de Maya l'abeille...

Est-ce que le poisson rouge voit rouge ?

Nous ne le répéterons jamais assez, nous sommes les champions de la vision colorée. Et comme tous les champions, nous n'aimons guère être dépassés. Nous sommes les premiers, les primates, nous sommes les meilleurs, point final !

Détrompons-nous, en matière de couleurs il y a mieux. Inutile de froncer les sourcils, il ne s'agit pas encore de l'un de ces grands singes tel le chimpanzé, qui partage avec nous près de 99 % de notre patrimoine génétique. Déjà qu'on a eu du mal à admettre la théorie de Darwin prétendant que c'était l'un de nos lointains cousins, il ne manquerait plus maintenant qu'il discerne mieux que nous le monde qui nous entoure. C'est vrai que du haut de son arbre on domine le monde !

Assez récriminé. Même installé sur sa branche, le chimpanzé ne distingue pas mieux les couleurs que nous. Le coupable, c'est celui qui fait l'objet de ce chapitre, ce poisson probablement rouge de honte de nous avoir dépassés, l'insensé qui tourne en rond dans son bocal. Nous avons une vision trichromatique (celle des trois couleurs fondamentales précitées : bleu, vert, rouge) alors que la sienne est tétrachromatique. Il est capable de distinguer ces trois couleurs appartenant au spectre du visible, mais aussi l'ultraviolet. Pour parachever le tout, histoire de bien nous enfoncer, ce peau-rouge d'eau douce voit les rouges extrêmes.

En fait ses cellules coniques sont comme les nôtres sensibles à différentes couleurs, mais celles qui sont sensibles au rouge sont plus nombreuses, ce qui lui permet de mieux appréhender le « rubicond », à l'extrémité du spectre. Voilà pourquoi il peut voir rouge sans même se fâcher.

Ce n'est pas pour nous irriter qu'il est ainsi doté de facultés supérieures aux nôtres dans le domaine de l'écarlate, mais tout simplement parce qu'il vit naturellement, le pauvret, dans des plans d'eau douce saturée de végétation en décomposition. Or les molécules issues de ces végétaux putréfiés absorbent dans l'eau presque tout le spectre lumineux sauf le rouge extrême vu par notre poisson. Grâce à ce perfectionnement, celui-ci peut repérer ses minuscules proies dans une quasi-pénombre. Quand on aime vivre dans la crasse, il faut bien s'adapter.

Comme si ce n'était pas suffisant à leurs propres yeux, les scientifiques ont fait des essais sur la sensibilité du poisson rouge aux mouvements d'une cible lumineuse. Ainsi qu'on le pressentait, l'animal s'est montré fort performant. Il est capable de distinguer deux rayonnements lumineux très proches l'un de l'autre, et de traiter de nombreuses taches colorées beaucoup mieux que nous. Tout pour nous humilier. Seule consolation, on peut penser que puisqu'il vit en eaux troubles, il est peut-être quelque part un rien espion ou escroc et qu'un jour nous pourrons le surpasser... dans quelques millions d'années. On peut toujours rêver !

Pour ce qui est des infrarouges, il est probable que notre vainqueur toutes catégories, à écailles et nageoires, distingue certaines ondes émises par des appareils électroniques de nos habitations. Aussi, même si vous êtes consterné par de telles révélations, s'il vous plaît ne laissez pas vos penchants sadiques prendre le dessus, et ne placez pas son aquarium entre la télécommande et la télévision afin de voir si, chaque fois que vous envoyez une impulsion, votre poisson rouge réagit. Il faut savoir être bon perdant...

Dans le même ordre d'idées, vous pouvez également installer à côté de lui un autre aquarium rempli de poissons tropicaux bariolés. Eux vivent dans un milieu très lumineux, ces eaux marines tropicales claires que nous aimons, où la lumière pénètre à grands flots. Ici la couleur prédomine et les poissons affichent moult couleurs toutes plus belles les unes que les autres. Même « Nemo », le désormais célèbre poisson-clown à bandes (pourtant pâlichon parmi les plus éclatants de ses congénères tropicaux), fera paraître notre poisson rouge bien terne. Avec un peu de chance il en rougira enfin de honte, le bougre.

Car en fait il y a une faille chez notre champion : il ne voit bien les objets proches situés devant lui ou ceux éloignés derrière lui (ses yeux sont très écartés de chaque côté de la tête) que lorsque lui-même se déplace d'avant en arrière. Son cristallin est indéformable, et ce système quelque peu acrobatique et mouvementé lui permet de faire le point, ce qu'un ophtalmologiste appelle « accommoder ».

Enfin il voit précisément les objets qui sont à l'intérieur de son aquarium, mais très flous ceux qui se situent à l'extérieur. Et ce n'est pas sa fureur de voir d'autres poissons même troubles, de l'autre côté, qui va lui permettre de pallier cet inconvénient. Il risque même de les voir franchement rouges plutôt que multicolores.

Allons, arrêtons de noyer le poisson pour masquer notre désillusion de n'être pas toujours les premiers dans tous les domaines. Nous faisons déjà assez souffrir les animaux comme ça par notre méconnaissance de leur comportement primaire : les poissons sont des vertébrés, des vertébrés dits inférieurs, mais des vertébrés quand même. Notre poisson rouge *carassius auratus* – c'est son nom latin – a un cerveau qui fonctionne en système dit de réseaux. Il est capable de mémoire et d'innovation, et par ailleurs très sensible au stress et aux émotions. Du fait de sa robustesse en tant que poisson d'aquarium d'eau douce, il paie un tribut très lourd pour satisfaire notre envie d'un animal de compagnie peu encombrant, puisqu'on croit qu'il suffit de le laisser tourner en rond dans un bocal, voire dans un sac plastique, pour qu'il soit heureux. Son monde aquatique naturel est beaucoup plus inventif et enrichissant qu'un simple bocal, même agrémenté de galets et plantes diverses.

Le poisson rouge voit très bien le rouge, et alors ? Quant à minet, qui nous a évidemment rejoint au bord de l'aquarium, sa vision sépia et délavée ne lui permet même pas de comprendre le sel de cette histoire, qui bien sûr finit en queue de poisson : pour lui, le jour et la nuit tous les poissons sont gris.

– 3 –

L'AUDITION

« Sourd comme une bécasse » et « muet comme une carpe », voilà bien des idées reçues !

La bécasse n'est pas sourde puisque, comme tous les oiseaux, elle communique en priorité par le son. Seulement elle a la réputation d'être stupide, qualificatif partagé par beaucoup de volatiles (accompagnée en cela par « Bécassine », nom donné à une jeune fille de la campagne – donc un peu nigaude aux yeux des intellectuels citadins – créée par un dessinateur humoristique au début du XXe siècle). Cette expression montre à quel point le sens auditif, réceptacle de la parole, est considéré comme un sens lié à l'intelligence chez l'homme.

« Muet comme une carpe » : voilà une locution tout aussi fausse ! La carpe (miroir ou non) « discute » avec ses congénères en infrasons inaudibles pour nous. Le monde aquatique n'est pas celui du silence – sauf pour nous, humains, dont l'audition se situe dans une gamme de fréquences étriquée – mais bien au contraire bourdonne de mille dialogues et déclarations, plus ou moins sous-entendues, entre poissons et autres vertébrés tels que les mammifères marins.

Le son est une vibration qui se propage dans différents milieux comme l'air, l'eau, les roches, etc. Plus la fréquence de la vibration est rapide, plus le son est aigu. Au-dessus de notre propre registre d'audition, nous entrons dans le domaine de ce que nous appelons l'ultrason. À l'inverse, plus la fréquence est lente, plus le son est bas. On arrive ainsi dans les infrasons. La progression des ondes sonores est beaucoup plus rapide dans l'eau, en particulier dans les basses fréquences naturellement émises par les poissons pour communiquer entre eux. Ainsi leurs échanges sonores sont-ils efficients. En somme, si nous vivions dans une mare peuplée de carpes bavardant en infrasons, c'est nous qui passerions pour des bécasses !

Et pourtant notre oreille, comme celle de tous les mammifères, est fort bien développée ; elle se compose de trois sections : externe, moyenne, et interne. La partie externe comprend le pavillon auriculaire, que l'on appelle en langage courant l'oreille et que l'on tire au mauvais élève dissipé. Ce pavillon permet de canaliser le son à l'intérieur d'un conduit auditif et ce jusqu'au tympan. Parfois mobile, le pavillon auriculaire peut être plus ou moins grand ou bien inexistant suivant le milieu dans lequel vit l'animal.

À partir du tympan on trouve l'oreille moyenne, dans laquelle les ondes sonores sont transmises grâce à une série de petits osselets qui vont les amplifier jusqu'à faire vibrer une membrane appelée fenêtre ovale. Vient ensuite l'oreille interne avec un organe appelé la cochlée, en forme de limaçon, dans laquelle des fluides sont mis en mouvement, ce qui va générer la stimulation de cellules auditives ciliées et créer des impulsions nerveuses. Ces dernières, transmises par l'intermédiaire des nerfs auditifs, seront enfin interprétées comme des sons par le cerveau. Du fait de la différence d'appareil auditif et de cerveau d'une espèce à l'autre, il est évident que la traduction d'une onde sonore primitive ne sera pas la même.

Les animaux entendent de différentes manières... Nous aussi : on entend souvent parler de l'oreille absolue comme d'un véritable don. Il s'agit de la capacité d'associer instantanément un nom de note (*do*, *fa*, *sol*...) à une hauteur de son. On a beaucoup discuté pour savoir si cette faculté est innée (génétique) ou apprise, tout particulièrement dans les familles de musiciens... Le problème n'est pas résolu. Il n'en reste pas moins qu'il est toujours pénible pour le commun des mortels d'observer les surdoués de la classe de musique retranscrire d'un seul jet une dictée musicale.

Cela dit, les oreilles absolues vont donner des virtuoses qui nous enchanteront en composant de merveilleuses mélodies. Tandis que les synesthètes, franchement, à part quelques peintres...

Qu'est-ce que la synesthésie ? Ce sont des perceptions simultanées (étymologiquement, « sensations ensemble ») liées à des sens différents, et notamment le fait d'entendre en couleurs (la synopsie). Cette curieuse faculté (assez rare, une personne sur deux mille serait concernée) associe bel et bien chaque son à une couleur. Les personnes « touchées », en général des femmes, entendent des mots ou des nombres coloriés ; si on leur lit un certain nombre de phrases, ils décrivent parallèlement les couleurs qui les accompagnent. En somme, un récit est pour eux toujours bariolé !

Très héréditaire, cette aptitude originale permet à coup sûr de bien s'amuser en famille mais peut entraîner des quiproquos, entre autres lorsque l'on veut se diriger à l'aide de panneaux indicateurs souvent colorés. Vous pouvez ainsi attendre longtemps un ami en retard du fait de la confusion qu'il fait entre la couleur du mot inscrit sur la pancarte et celle que ce dernier évoque pour lui. Migraine assurée !

La synesthésie est plus que mystérieuse pour les mille neuf cent quatre-vingt-dix-neuf personnes sur deux mille non concernées par cette curieuse propriété due à la convergence de plusieurs voies sensorielles du cerveau qui devraient être normalement séparées. Et pourtant elle n'est pas considérée comme un sixième sens, alors que cette faculté est peut-être partagée par beaucoup d'animaux sans que nous ne le sachions.

Par ailleurs, beaucoup de musiciens vous diront qu'ils parlent en notes musicales et qu'ils entendent une harmonie dans leur tête avant de la composer, sans même avoir besoin de la jouer. N'avons-nous pas nous-même des ritournelles qui nous envahissent l'esprit alors même que personne ne les chante à nos côtés ? Beethoven était sourd et c'était pourtant un grand compositeur ! Dans un train, lorsque deux personnes situées à vos côtés bavardent dans une langue étrangère, même si vous ne les comprenez pas vous ne doutez pas qu'elles se comprennent.

Elles peuvent aussi s'esclaffer : si vous êtes un brin paranoïaque, vous vous contenterez seulement de les suspecter de rire à vos dépens. Enfin, lorsque bien avant de descendre du wagon elles auront enfilé un imperméable et que de fait il pleuvra sur leur lieu d'arrivée, vous penserez que l'une d'entre elles avait consulté la météo locale avant de partir et non qu'elle peut prévoir une ondée grâce à des pouvoirs spéciaux. Tous ces faits résument nos contradictions en matière d'audition et d'entendement (si l'on ose dire)...

Nous l'avons vu, celles que nous nommons bêtes ne sont pas, loin de là, de simples machines. Elles se sont simplement adaptées à des milieux qui se modifient sans cesse, souvent sous l'action de l'homme, et utilisent pour cela une multitude de systèmes de communications sonores... Par exemple, savez-vous que les éléphants peuvent communiquer à plusieurs kilomètres de distance

– grâce à des bruits partiellement issus de leur estomac et surtout des fosses nasales – sans que nous nous doutions de quoi que ce soit ? Cette découverte a longtemps été ignorée car les recherches sont souvent limitées par notre insensibilité à certaines fréquences sonores. Les chauves-souris et les dauphins voient à travers les ultrasons et les baleines utilisent d'invisibles tuyaux sonores marins qui captent et transmettent leurs chants. Certains animaux ont des oreilles sur les genoux, d'autres sur les antennes ou le ventre. Quant à ceux qui ont des pavillons auriculaires bien visibles, en général ils ne cessent de les agiter. On se demande bien pourquoi...

Pourquoi certains animaux peuvent-ils bouger les oreilles et d'autres pas ?

Installé sur vos genoux, votre chat semble sommeiller. Et pourtant ses oreilles ne cessent de bouger en tous sens. Il rêve probablement ou il perçoit les ultrasons émis par des petits rongeurs que vous n'entendez pas. Sons trop haut perchés pour vous. Pas pour le chat qui, lui, peut distinguer des fréquences de plus de cinquante mille hertz (soit trente mille de plus que nous). C'est le côté chauve-souris de minet : il capte les ultrasons sans en émettre, cela lui suffit pour chasser. Vous connaissez son goût de l'économie d'énergie. Un vrai sage, qui de surcroît, comme beaucoup d'animaux peut bouger les oreilles. Pas vous... À l'exception de quelques hurluberlus qui avec force grimaces parviennent à les faire frémir dans l'admiration générale. Serions-nous donc des infirmes de l'audition ?

Réceptrice du langage mais aussi de la musique, du chant des oiseaux, ou hélas du bruit des moteurs et des cris du voisin, chez nous l'oreille semble bien passive. Grâce aux yeux nous voyons, mais nous pouvons aussi les tourner en tous sens ou même les fermer si nous ne souhaitons pas regarder. Avec notre oreille, simple pavillon externe, nous ne pouvons pas faire grand-chose. Juste l'obturer à l'aide des mains ou de bouchons auriculaires, en cas d'exaspération ou de nécessité. Et pourtant, croyons-nous, c'est grâce à elle que nous communiquons, puisque c'est elle qui enregistre notre parole.

En fait l'oreille n'est jamais qu'un réceptacle. Notre force, vous l'avez bien compris, ne vient pas d'elle, mais de notre tout-puissant cerveau et de sa formidable faculté de compréhension de l'exceptionnel langage humain dont la complexité n'a pas d'égal dans le monde animal. Nous sommes d'autant plus des êtres sociaux et communicants qu'à l'inverse des animaux nous pouvons évoquer le virtuel, voire y vivre, hors du contexte présent. Notre énorme pouvoir d'abstraction nous a permis de nous extraire du concret, de l'instant, du quotidien, auxquels les bêtes ne peuvent guère échapper. Oui, mais beaucoup d'entre elles, répétons-le, peuvent bouger les oreilles, tout au moins pour celles qui en ont.

C'est vrai par exemple pour nos plus proches compagnons, les chiens. Chez eux l'audition, bien sûr associée aux autres sens et particulièrement à l'odorat, va leur permettre d'exploiter tous les indices pour trouver leurs proies. Ils perçoivent des ultrasons de plus de trente mille hertz, et en plus, ils ont un autre secret : eux aussi peuvent canaliser les sons et les amplifier dans l'oreille moyenne. Comment ? En la dirigeant vers ce qu'ils cherchent à entendre : les bruits ténus provoqués par les déplacements du gibier.

À cette fin, pas moins de dix-sept muscles servent à orienter leur pavillon auriculaire. Une fois captées, comme chez nous, les ondes sonores descendent vers le tympan par le conduit auditif, le font vibrer et sont transmises à l'oreille interne puis analysées par le cerveau après avoir « voyagé » grâce au nerf auditif (sauf que chez eux les fibres constituant le nerf sont plus nombreuses).

Et notre carnivore de courir aussitôt après son espérance de repas. Mais exterminer à distance est impossible pour la pauvre bête à quatre pattes. À l'inverse le chasseur, après avoir repéré son butin, va se contenter d'épauler son fusil et de tirer. Dans ce cas précis, ce n'est pas ce que l'homme a fait de mieux, surtout quand il pratique ce « sport » par loisir (tuer pour s'amuser, une faculté bien humaine). Mais paradoxalement cela prouve qu'il est intelligent, puisqu'il a su analyser puis utiliser les capacités de son chien pour parfaire ses propres techniques.

Il peut même discuter et indiquer à ses compagnons le lieu où trouver la malheureuse victime (un cerf affolé ou un pauvre faisan souvent lâché la veille !). C'est là encore l'une de nos spécificités puisque, pour orienter le regard de nos interlocuteurs, nous n'avons qu'à montrer du doigt un lieu précis. Une des preuves avérées de notre pouvoir d'abstraction. Même les singes les plus évolués travaillant actuellement en laboratoire ont du mal à passer ce cap (indiquer une direction avec l'index) qui signe notre pensée conceptuelle. Où l'intelligence va-t-elle se nicher !

Le paradoxe, il en fallait bien un, reste que les chiens de chasse sont pour l'essentiel des animaux à oreilles tombantes, donc moins « entendantes », des races justement sélectionnées pour leur flair. On est bien loin de leur grand aïeul le loup, que des millions d'années d'évolution avaient conduit à avoir un pavillon auriculaire dressé pour mieux écouter. Parallèlement, d'ailleurs, leurs proies (lapins et surtout lièvres) ont développé de grandes oreilles qui leur permettent de mieux percevoir leurs poursuivants. Qui entendra vivra.

Chassé, le naturel n'est pas revenu au galop. L'oreille du chien, en effet, participe de la définition de la physionomie et de la plastique canine imposées par l'homme. Plus que toute autre partie du corps, elle a été modifiée par l'élevage sélectif, donnant parfois naissance à des problèmes. Parmi les quelque trois cents races fabriquées à partir de l'ancêtre commun – le loup –, l'oreille dressée originelle est loin d'être la plus répandue. Normalement, le canal auditif du chien est presque glabre, mais chez certaines races des modifications de la peau ont provoqué un développement de pilosité préjudiciable à l'audition et qui doit être sans cesse surveillé.

En plus de ces défauts inhérents à nos manipulations artificielles de l'espèce souche, on impose une intervention chirurgicale du pavillon auriculaire pour le modeler selon des contraintes imposées par de prétendus critères esthétiques. Pour la quasi-totalité des races, les caractéristiques de l'oreille sont ainsi définies par un standard. Et peu importe la mutilation imposée à notre compagnon, l'otectomie, une pratique barbare qui tend heureusement à être réglementée, voire interdite. Puisque nous l'aimons, cela devrait lui suffire...

Car elle a d'autres fonctions, l'oreille ; elle sert à communiquer et correspondre à distance entre les membres d'une même meute, une résurgence d'un lointain passé de carnivore marcheur, mais aussi à distinguer les vocalises des congénères et notamment à percevoir leur état émotionnel. Eh oui, le chien s'intéresse aux chiens, pas uniquement à l'homme ! Reste que la position du pavillon auriculaire est une bonne indication de l'humeur de notre bon toutou. Et ce pour tout le monde !

Même chose pour le chat. L'oreille est mobile, et même plus expressive que celle de notre ami chien. Minet peut bien sûr canaliser les sons et, chez lui, le pavillon de l'oreille est en mesure d'effectuer une plus grande rotation, d'au moins cent quatre-vingts degrés. À bon entendeur, le salut. Minet communique aussi avec ses oreilles, plutôt plus vite et plus efficacement en raison de sa nature solitaire. Oreilles dressées, chat contenté. Oreilles couchées, colère affichée. Oreilles plaquées... Attention à celui qui ne comprend pas, un coup de griffe est vite arrivé.

Il n'est pas le seul dans son cas, notre imprévisible chat. « Si lama craché, lui fâché. » Le capitaine Haddock aurait dû se renseigner sur le comportement de cet animal : avant le célèbre crachat, le lama abaisse les oreilles et gonfle les joues.

Ce quiproquo n'est qu'une simple caricature des nombreuses incompréhensions entre l'homme et l'animal. Nous sommes toujours persuadés que les animaux ont les mêmes sensations et interprétations que nous-mêmes. Vous imaginez-vous parler avec vos oreilles ? Si encore elles étaient aussi larges et étendues que celles de Babar... Car chez l'éléphant aussi, elles servent à communiquer... et à se ventiler. En cas de très grosses chaleurs, elles permettent de garder la tête froide !

Est-il vrai que les insectes entendent par leurs pattes ?

Nous autres les vertébrés, mammifères, oiseaux, reptiles et poissons, représentons quelques dizaines de milliers d'espèces presque toutes répertoriées.

Chez les insectes, il y en a plus d'un million (voire plusieurs millions), dont beaucoup disparaîtront avant même d'être découvertes. Tant mieux, pense la majorité d'entre nous, cette sale vermine ne mérite pas de vivre. Un million d'espèces, des milliards de sales bestioles qui ne pensent qu'à nous piquer, nous gratter, nous pomper le sang et l'air en bourdonnant à nos oreilles... À quelques papillons exotiques près, pas de pitié. Et encore, eux on peut les piquer sur des épingles, bien étaler leurs ailes irisées et les contempler sous verre à loisir. Il y a aussi les coccinelles – les bêtes à Bon Dieu – qui dévorent les pucerons, cela évite les insecticides, c'est écologique... Mais pour le reste, tous méritent bien la bombe à gaz !

Bon, d'accord, il y a aussi les abeilles qui donnent du miel. Celles-ci sont pratiquement domestiques, donc tolérables. Et puis il y a les libellules, si gracieuses, ou encore les grillons qu'on aime bien entendre chanter dans les champs. Du moins les mâles, parce que ce sont eux qui grésillent pour attirer les femelles en frottant leurs pattes postérieures contre le bord corné des ailes antérieures, spécialement adaptées pour produire du son. En plus, on dit qu'ils portent bonheur quand ils entrent dans un foyer. Du coup on les tolère : du bonheur, cela ne se refuse pas dans notre monde de brutes.

Alors savoir qu'ils ont des oreilles sur leurs pattes antérieures – de petites excroissances, comme des cals juste sous les genoux –, ça nous intéresse, ça nous interpelle. Chaque oreille possède une membrane ressemblant à un tambour, appelée tympan, située de chaque côté de la patte très sensible aux vibrations sonores.

En fait il existe chez les animaux trois catégories d'« oreilles » : à tout seigneur tout honneur, les premières – les nôtres et en gros celles des vertébrés – sont, rappelons-le, très complexes et composées de divers organes (pavillon, conduit, tympan, osselets, cellules ciliées...), car elles sont sensibles à la pression sonore et à une gamme étendue de fréquences.

Le deuxième type d'oreilles est moins élaboré : ce sont des organes seulement sensibles aux oscillations de particules qui se déplacent en même temps que l'onde sonore ; les organes auditifs sont alors des antennes ciliées qui captent ces mouvements, comme par exemple chez les moustiques. En quoi l'audition va-t-elle servir un moustique ? Déjà que son bourdonnement dans la nuit est insupportable, il serait à l'écoute des autres ?

Eh oui ! Comme tout un chacun il recherche l'âme sœur, pour faire plein de petits moustiques qui occuperont nos nuits d'insomnie. Ses antennes lui servent à distinguer les vibrations du vol de sa bien-aimée parmi des dizaines d'autres insectes qui se déplacent en même temps. Ces petits diapasons formés par ses appendices lui permettent de détecter la fréquence caractéristique émise par les battements d'ailes des moustiques de son espèce et du sexe opposé, donc recherché. La preuve, les mâles n'accordent aucune attention à une femelle posée.

D'ailleurs parfois une femelle « exaspérée » (et c'est bien fait, car ce sont elles et elles seules qui nous piquent) atterrit brutalement... Et de ce fait n'offre plus d'intérêt à leur concupiscence. L'amour ne donne pas toujours des ailes.

C'est aussi le cas pour nos grillons au vol malhabile, dont les excroissances situées près du tibia sont l'expression de la troisième forme plus primitive d'oreilles, lesquelles présentent seulement une sensibilité à la différence de pression de l'onde sonore. Réactives à une simple variation de pression, les oreilles des criquets leur indiquent surtout la direction de la source sonore. Grâce au passage de l'onde sonore perçue au niveau de chaque patte, la précision de l'orientation auditive est très fine. Le « grésillement » est, de ce fait, l'instrument de communication de choix entre les partenaires. Mais quand on pense qu'il existe plusieurs milliers d'espèces à travers le monde, que chacune peut avoir dans son répertoire plusieurs chants différents, on comprend que leur recueil vocal est extraordinairement diversifié et que les grillons n'ont pas volé leur renommée de musiciens.

Quand vient le temps des amours, le signal acoustique – la « proclamation » – est émis par le prétendant depuis l'entrée de son terrier. La promise – effarouchée mais réceptive grâce à sa « patte tambour » – peut lui répondre dans un rayon de dix mètres. Elle va alors approcher en hésitant, s'arrêtant sans cesse pour rectifier la direction de sa marche, l'oreille ou plutôt la jambe tendue vers les déclarations de son soupirant.

Dès le début du XXe siècle, un zoologiste allemand a établi que la femelle grillon était irrésistiblement attirée, même quand la voix de l'élu de son cœur (quoique insecte, on n'en a pas moins un cœur) était transmise... par téléphone. Où les expériences scientifiques vont-elles se nicher ? Il a ainsi démontré que malgré la perte de notes aiguës (dues aux imperfections de la transmission téléphonique), la fiancée continue d'avancer. En fait, pour elle, seul compte le rythme de la mélopée de son tendre futur qui bientôt lui trouvera un foyer. Bien entendu, vu la position des oreilles, leur marche nuptiale comme leurs cœurs enivrés devraient battre en mesure...

Ce qui ne sera pas le cas forcément pour d'autres insectes. Chez les cigales par exemple, dont les aubades musicales ou plutôt les stridulations évoquent aussitôt la lavande, le soleil et la mer, l'« oreille cymbale » est située sur l'abdomen. Attention, les cigales mâles ont plusieurs arcs à leur cordes, ou plus exactement plusieurs mélodies à leur répertoire. Celui que nous apprécions tant, symbole pour nous de vacances estivales, est en fait un appel au rassemblement sur certains arbres. Il permet aussi au mâle de préciser la distance qui le sépare de ses voisins et d'affirmer ainsi son territoire. Chaque cigale, synchronisant son signal avec celui des autres, accroît l'intensité qui peut atteindre cent décibels à six mètres de distance.

Le paradoxe veut que le bruit des chorales de ces charmants insectes dépasse largement le bruit d'une rue encombrée, mais provoque chez nous un apaisement, voire un engourdissement si nous sommes allongés. Au lieu de s'énerver dans les embouteillages, on ferait mieux d'imaginer que les voitures qui nous entourent ne sont que des super-cigales.

Au passage, n'oublions pas que les premiers insectes volaient déjà il y a plus de trois cents millions d'années et que certains étaient dotés d'une voilure de plus de soixante-dix centimètres d'envergure. Nous, les *Homo sapiens*, ne sommes sur terre que depuis moins de cent mille ans, et nos oreilles sont bien positionnées de chaque côté de notre tête.

Supposez que certains insectes reprennent leur taille ancestrale et imaginez l'impressionnante cacophonie liée à l'apparition de ces monstres volants !

Le concert des oiseaux nous enchante, mais en perçoit-on vraiment toutes les gammes ?

Qui dit oiseau pense aussitôt chants, mélodies, vocalises. Ramage et plumage sont les deux caractéristiques des hôtes ailés des bois. Un enchantement pour nos yeux et nos oreilles... À quelques exceptions près, tels le sinistre corbeau, la chouette maléfique ou le vautour décharné. Tout univers a ses errances.

Laissons ces prétendus épouvantails de côté afin de nous intéresser à ceux qui chantent pour nous enchanter, soit plus de quatre mille espèces, presque la moitié des oiseaux. Poèmes, chansons, œuvres musicales majeures, beaucoup ont été inspirés par leurs mélodies. Tendez l'oreille, en particulier au printemps, écoutez-les gazouiller et siffler, les rossignols « philomèles », les grives musiciennes, les pouillots siffleurs et autres fauvettes babillardes. La magie de la nature ; tant de talent dans une minuscule cervelle d'oiseau !

Halte à nos préjugés. Petit ne veut pas forcément dire faible ou instable. Les cervelles aviaires ne sont pas plus oublieuses que d'autres, bien au contraire. Depuis que l'on sait représenter les chants de la gent ailée sur un diagramme permettant de mesurer la fréquence et le tempo, on y a constaté de nombreuses variations.

Il y a beaucoup de différences tant individuelles que géographiques au cours du développement du chant. Le répertoire n'est pas le même pour chaque espèce (ça, on s'en doutait)... ni pour chaque individu. Voilà une vraie surprise ! Ainsi ce sont de drôles d'oiseaux, des oiseaux rares. Surtout leurs femelles puisque celles-ci, les délicates, choisissent les mâles tout à la fois à la qualité de leur plumage, qui doit être brillant et de couleur très prononcée (dans la limite du coloris de l'espèce, pas trop d'exubérance vestimentaire s'il vous plaît), mais aussi à la difficulté du ramage. Un chant difficile est toujours plus prisé.

En somme un séducteur, lorsqu'il fait sa cour, se doit d'être à son avantage dans un costume de scène rutilant. Seulement voilà, comme se mettre sur son trente et un pour un rendez-vous galant n'a rien de sensationnel, il lui faudra en outre chanter dans un répertoire plus varié et complexe que ses concurrents. Chez les oiseaux, dans quatre-vingt-dix pour cent des cas, on s'apparie pour longtemps, alors autant bien choisir. Au moins ces chanteurs-là ne seront pas de fugaces vedettes, ces étoiles filantes du bel canto qui disparaissent avant même d'avoir eu le temps de former un vœu !

Chez les simples canaris au modeste plumage mais longuement étudiés pour leurs vocalises, certains mâles sont éliminés dès le premier tour de piste : ils ne connaissent qu'une dizaine de structures sonores différentes pendant qu'un autre concurrent en maîtrise plus de trente. Un ténor, cela s'espère et cela se respecte. Toutes les oiselles enchantées s'offrent à ce dernier.

L'apprentissage du chant par les oiseaux comporte plusieurs étapes, tout d'abord d'acquisition puis d'imitation. Leurs gazouillis ne sont donc pas toujours totalement innés. Le canari par exemple est une espèce qui ne cesse d'apprendre. Rien n'est donc perdu pour le prétendant évincé. Par chance, s'il peut rester au pourtour du champion, il pourra espérer parfaire ses modulations. Il faut savoir être bon perdant, la fortune peut tourner dans le radio-crochet des oiseaux. Comme toujours, les femelles sont à la recherche de la nouvelle star !

S'il n'est pas assez patient, l'oiseau éconduit pourra toujours aller voir ailleurs, dans une autre province, en espérant que les éliminatoires seront moins difficiles. Mais attention, il se heurtera alors à un problème classique lors de toute délocalisation : celui de la langue étrangère ou plutôt, dans ce cas précis, du dialecte.

Un tel phénomène a cette fois été observé chez les pinsons des arbres (il y en a des neiges). Nombreux, largement répartis, ces oiseaux européens sont parmi les plus abondants. En période de nidification, en gros de la mi-avril au début juillet, chaque mâle défend son territoire en lançant son chant du haut d'un perchoir. En dehors de cette période, ce modeste animal est en général grégaire et toujours très confiant au contact de l'homme ; mais au moment de séduire sa future, il se doit de chanter à tue-tête. Sa voix, énergique, enchaîne des sons descendants avec une petite fioriture finale. Il apprend à chanter pendant les trois premières semaines de la vie, à l'écoute de ses parents et de son voisinage. Son répertoire est alors fixé pour toute son existence, c'est en quelque sorte une marque de naissance, un signe de reconnaissance précisant son appartenance à un lieu défini.

Des chercheurs ont analysé les répertoires des pinsons et démontré l'existence de dialectes localisés, surtout dans des zones très peuplées où ils sont fort marqués. Ces dialectes sont répartis en fonction de la forêt originelle. Lorsque les pinsons changent de territoire, d'une année sur l'autre, ils emportent avec eux leur dialecte, que l'on peut repérer dans un secteur nouveau.

Des études ont prouvé que plus l'oiseau s'éloigne de son lieu d'origine, moins il sera accueilli favorablement par les locaux. Le barrage de la langue ne lui permet guère de s'établir dans son lieu de prédilection naturel, le cœur de la forêt, et l'oblige souvent à émigrer dans une zone moins boisée : une banlieue défavorisée !

Hélas, l'accent très « XVIe » du bois touffu d'origine n'est pas forcément bien perçu. Il faut parfois deux ou trois générations d'oisillons pour récupérer celui du coin. En attendant, notre malheureux pinson délocalisé, tout juste toléré par les régionaux, devra demeurer tel un oiseau sur la branche.

Pourquoi les baleines s'échouent-elles ?

Si l'on vous demande quel est le plus gros mammifère vivant sur notre planète, vous répondrez presque automatiquement l'éléphant. Faux : c'est la baleine. Et en l'occurrence la baleine bleue, qui peut mesurer jusqu'à trente mètres de long et peser plus de cent cinquante tonnes. Enfoncé, le pachyderme, avec ses misérables cinq tonnes.

Alors, bien sûr, ceux qui sont vexés d'ajouter : « Pas étonnant qu'avec un poids pareil on soit plus à l'aise dans l'eau que sur terre, principe d'Archimède oblige ; tout corps plongé dans un liquide subit de la part de ce dernier... »

Et pourtant ils ont été sur terre, les cétacés, il y a quelques dizaines de millions d'années. On a découvert qu'ils ont eu pour ancêtres de grands mammifères ongulés retournés ensuite dans l'élément aquatique. C'est vrai que, à cette époque, leur taille était plus modeste.

Des mœurs aquatiques, un corps profilé, des nageoires : voilà pourquoi on a longtemps pensé que la baleine était un poisson. Non, non et non. Elle allaite ses petits, n'a pas de branchies et ne respire pas dans l'eau, en témoigne la vapeur qui se dégage de son évent (de l'air expiré), même si certaines espèces comme le cachalot peuvent rester en immersion plus de quatre-vingts minutes.

Et en plus elle chante, telle une sirène quelque peu enveloppée ; normal, pour une diva ! Cependant, bien que ses dizaines de tonnes lui valent un coffre digne de la Castafiore, si la baleine chante ce n'est pas par loisir, mais tout simplement pour communiquer et s'orienter.

Les baleines émettent différents sons appelés le plus souvent gémissements, cris, sifflements, claquements, ronflements ou encore aboiements. Pour beaucoup, ceux-ci seraient audibles par l'oreille humaine si d'aventure nous barbotions dans les parages... Il suffit juste d'éviter les remous et quelques bouillonnements ! D'autres, probablement dévolus à l'écholocation, sont émis à des fréquences trop basses ou trop hautes pour que nous puissions les entendre.

C'est grâce aux enregistrements sous-marins et à l'utilisation du sonar que les mystères de ces animaux mythiques ont été en partie levés et que l'on a pu mettre au jour le fait que chaque espèce émet un son qui lui est propre. À celle qui est la plus imposante physiquement revient en toute logique la voix la plus grave et la plus puissante. Les gémissements de la baleine bleue sont très courts et n'excèdent jamais les quelques secondes, mais ils peuvent dépasser les deux cents décibels et être entendus à deux mille kilomètres de distance. Avoir du coffre, cela sert !

À côté d'elle la mince baleine à bosse, environ soixante-cinq tonnes toute mouillée, compense sa frêle carrure par un chant plus élaboré. Elle s'exprime jour et nuit, surtout l'hiver, et on peut l'écouter à plus de trente kilomètres hors de l'eau et environ mille deux cents kilomètres à travers les océans. Ses phrases vocales peuvent s'étaler sur plus de trente minutes et font partie d'un véritable récital juste entrecoupé de quelques minutes pour respirer. La qualité et, en prime, la quantité !

Il existe des différences de chants non seulement entre les espèces mais aussi entre les individus, selon la situation dans laquelle ils se trouvent. Certes le registre le plus apprécié est, vous l'aviez deviné, celui des mâles célibataires qui émettent de puissantes et longues sérénades pour attirer leurs femelles en leur démontrant qu'ils ont non seulement de la voix et du souffle mais également ce que cela signifie, c'est-à-dire une bonne condition physique. Toutes les baleines à bosse d'une même région s'expriment avec des mélodies identiques, que l'on a appelées des dialectes régionaux, mais chacune a une voix caractéristique qui donne à sa mélopée une facture personnelle. Après le chant viendra la danse, la baleine à bosse pouvant aussi se distinguer par d'époustouflants sauts hors de l'eau. Soixante-cinq tonnes de baleine qui s'envoient en l'air « ça déménage », mais qui ne tente rien n'a rien... L'amour vous rend le cœur et le corps légers.

D'autres mélodies peuvent servir à différents groupes éloignés pour se localiser ou pour indiquer une source de nourriture. Le chant semble être le moyen le plus adapté pour se faire entendre sur de très longues distances puisque, nous le savons désormais, le son se propage beaucoup plus vite et plus facilement dans l'eau que dans l'air.

Phrases, motifs, syllabes, telle est la complexité d'un chant composé de six thèmes de base qui peuvent être répétés et dont la durée peut varier en fonction de l'état émotionnel de chaque groupe ou individu : voisin, voisine, ou cousin-cousine, chacun sa chacune dans la ronde des cétacés. De plus, le chant peut évoluer peu à peu au cours des saisons, selon les migrations, le degré de parenté et le désir amoureux... Un véritable langage du tendre tout en finesse et en émoi pour ces prétendus mastodontes.

L'excellente audition des baleines au détriment de la vision et de l'odorat a été invoquée pour expliciter les phénomènes d'échouages massifs constatés chez de nombreuses espèces. En effet, tout miser sur un sens particulier peut vous jouer des tours : les divers bateaux qui sillonnent les océans émettent de nombreux décibels, souvent sur les fréquences utilisées par les cétacés. Une épouvantable cacophonie sous-marine s'ensuit ! En réaction, pour communiquer entre elles, les baleines doivent « parler » fort et simplifier leur langage. La détection de proies ou de prédateurs en est déjà perturbée. Mais surtout, quand on est amoureux, même chez les corpulents cétacés, il faut un minimum de discrétion et d'attention. Un rival est si vite arrivé...

Ne souriez pas : il vous serait assez difficile de faire une déclaration à votre bien-aimé(e) au bord de l'autoroute, un jour de départ en vacances. Vous, au moins, vous pouvez peut-être différer ou anticiper votre déclaration !

Pour nos baleines énamourées, nulle échappatoire n'est possible : la pollution sonore sous-marine va croissant. Pour insupportable qu'il soit, ce dérangeant phénomène ne les a, malgré la légende, quand même pas conduites à se suicider. Une version Roméo et Juliette dans la grande bleue est peu concevable. De façon moins romantique, c'est peut-être un simple brouillage de l'acoustique qui conduit nos cétacés à s'échouer sur nos côtes... Où ils peuvent très vite périr de déshydratation s'ils ne sont pas remis à la mer.

Mourir d'amour ? Nul ne peut le dire. Désorientées, cela c'est une quasi-certitude.

L'utilisation du sonar à basses fréquences par les militaires est aussi impliquée dans les échouages de cétacés : l'armée américaine elle-même s'est engagée à restreindre l'utilisation de ces engins qui, lorsqu'ils émettent en Californie, peuvent être entendus de l'autre côté du Pacifique.

Comment certains animaux de la savane communiquent-ils sans qu'on les entende ?

Si l'on vous dit savane, vous pensez voyage, vous pensez Afrique, vous pensez lion. Lui, c'est évident, on l'entend ; son rugissement est même devenu symbole de bravoure. Si l'on précise savane arborée, pour beaucoup d'entre nous cela ne dit pas grand-chose, mais pour les spécialistes cela implique la girafe et son compagnon, l'éléphant, car ils sont souvent associés dans ce milieu. Deux poids lourds de notre imaginaire.

Babar l'éléphant, on le connaît depuis qu'on est tout petit, par ses belles histoires et ses contes à dormir debout (tout comme lui qui roupille sur ses quatre pattes). De toute façon, on ne risque guère de passer à côté. Quatre à cinq mètres de haut, quatre à cinq tonnes de poids, une trompe, de grandes oreilles s'il est africain, plus modestes s'il est asiatique ; et de quelque continent qu'il soit aucune chance de devenir rose, même s'il se roule dans la poussière rougeâtre du sol. Gris il est, gris il restera, sauf bien sûr dans nos fantasmes et hallucinations alcoolisées.

Sa comparse la girafe, la grande Duduche mouchetée, quatre à cinq mètres de haut elle aussi, mais environ une tonne de poids (on est filiforme ou on ne l'est pas) déambule donc souvent non loin de lui, en marquant l'amble. Ce n'est pas un pas de danse dans lequel se serait spécialisée notre grandette mais plutôt une allure particulière puisqu'elle soulève, à chaque pas, les deux pattes d'un même côté.

On prétend que cela lui permet de faire de plus grandes enjambées, et facilite le travail musculaire. Il est plus probable qu'ainsi la malheureuse ne se mélange pas les pinceaux (c'est-à-dire ses grandes pattes) en les cognant. Quoi qu'il en soit tout cela se fait sans bruit, et en cas de chute elle ne risque pas de crier : chacun le sait, elle est muette !

Muette, la girafe ? Certes il y a plus bavard qu'elle mais quand même elle bavasse, la grande gigue. Vivant en milieu ouvert et dotée d'une vue perçante, elle communique plus volontiers avec ses partenaires par la gestuelle que par des cris. Il n'en reste pas moins qu'en cas d'extrême besoin elle peut beugler comme tous les ruminants. Essayez donc d'agripper un girafon !

D'accord, ce n'est pas très commode, car lui-même ne l'est guère et ne coopère pas. Il va beugler lui aussi, le bougre attirant ainsi sa mère alarmée. Attention donc, on vous avait prévenu, elle n'est ni muette ni sourde, et un coup de pied en vache d'une girafe est très vite arrivé. Et elle a le sabot leste et efficace. C'est comme cela qu'elle se défend contre les prédateurs. Et vous aurez bien de la chance si, très énervée, elle ne grogne pas en plus.

C'est curieux, on s'étonne toujours de ne pas entendre crier la girafe. Et les antilopes qui la côtoient dans la nature, vous les entendez meugler ? Déjà les vaches mugissent rarement : quand elles ont faim, quand c'est l'heure de la traite, quand on ne les a pas rentrées du pré... Mais surtout ce sont des animaux domestiques qui ont perdu, sur les quelques milliers d'années de leur domestication, l'inquiétude naturelle de tout herbivore envers les prédateurs. Ou plutôt, elles ont quelque peu oublié.

Simplement la sécurité que leur offre l'étable a émoussé ce réflexe naturel : quand on crie, on risque d'être repéré par un carnivore. Et voilà pourquoi mesdames les vaches (donc a fortiori les antilopes et autres girafes) ne sont pas muettes.

Donc notre girafe, fort discrète dans ses appels, babille très souvent ! Comment ? Des chercheurs ont découvert que, comme son cousin l'okapi, elle correspond avec les copines dans des fréquences d'infrasons, « langage » inaudible pour nous.

Les infrasons sont transmis sur de grandes distances, même au travers d'une épaisse végétation, sans qu'ils soient entendus par les prédateurs dont la gamme sonore n'est pas aussi basse. Papoter entre amis sans troubler (ou avertir) quiconque ni être dérangé par des importuns, vous en rêvez ? Les girafes l'ont fait. Par exemple nous, les humains, nous pourrions tout juste ressentir quelques vibrations dans l'air si justement nous y étions, à plus de quatre mètres de haut, en face de la tête de notre girafe... Pratique, comme position !

Plus simple, car moins vertigineux, on pourrait tester les capacités de Babar en ce domaine : car lui aussi participe du grand concert infrasonique. Et pourtant il barrit, et même volontiers quand il est irrité. Ce qui lui arrive plus souvent qu'à son tour. Un bon gros, Babar ? Comme tout un chacun, il ne faut pas trop le chercher. Surtout une mère et son petit. On prétend qu'un éléphant fâché peut faire des pointes de soixante kilomètres à l'heure. Qui veut essayer ?

Des scientifiques ont pourtant cherché la petite bête et constaté qu'ils émettaient presque trois fois plus de sons en infras qu'en audibles. Les analyses ont prouvé que les pachydermes envoient aux alentours de brefs appels de vingt hertz et d'une durée de moins de dix secondes, le tout pendant des périodes d'environ dix minutes. C'est probablement ainsi qu'ils coordonnent les mouvements de la harde quand elle se disperse. Si l'on observe à ce moment-là le front de l'éléphant on le voit même vibrer, puisque de l'air circule alors dans les conduits nasaux. (Attention, mieux vaut avoir de bonnes jumelles et s'être entraîné à la course.)

D'autres troupes de grands mammifères sociaux en Afrique, tels les hippopotames ou – plus solitaires – les rhinocéros, font dorénavant l'objet d'études similaires, et les premiers résultats confirment cette communication infrasonique. Même si nous n'entendons rien, la savane des herbivores bruisse sans cesse. Et tant pis ou plutôt tant mieux pour les carnivores paresseux, tels les lions, léopards ou autres guépards qui somnolent dans la journée, ainsi leur sommeil n'est pas troublé.

Il en est un pourtant qui ne roupille pas, même s'il bâille souvent la journée. Alangui sur les berges des mares, il attend. Et s'il ouvre grand son bec sans même chercher à attraper une proie, ce n'est ni d'ennui ni de fatigue, mais pour réguler sa température par évaporation.

Vous l'avez reconnu : c'est le crocodile qui chasse à l'affût, souvent sur les rives, parfois dans l'eau. Dans tous les cas ce grand reptile s'est adapté aux conversations infrasoniques des savanes : lui aussi partage cette étrange faculté d'écouter les « sous-entendus ».

Installé près de l'eau, il est tout ouïe, le saurien. Ses oreilles sont masquées derrière des replis de peau mais elles sont efficaces. La preuve, la mère crocodile aidera les petits à s'extraire du nid, confectionné dans un monticule d'herbe et de boue, lorsqu'ils se mettront à piailler à la sortie de l'œuf.

Une vraie mère poule, la maman crocodile ! La différence ? Entre autres les dents que les poules ont possédées, dans la nuit des temps, lesquelles se sont estompées tout au long des millions d'années de leur évolution et qu'elles n'auront sans doute jamais plus. Ce sont elles, ces quenottes pointues, qui saisiront la proie innocente. Et bien entendu, au moment de la mise à mort, n'espérez même pas une larme du crocodile.

L'oreillard, une chauve-souris à grandes oreilles, entend comme le dauphin, qui, lui, n'a pas d'oreilles ; pourquoi ?

Avant toute réponse, une précision : chauve-souris et dauphin sont tous deux des mammifères... Qu'est-ce qui caractérise un mammifère ? Les poils ? Oui, pour la majorité ; exceptés bien sûr les dauphins – et les baleines – qui non seulement sont glabres mais ne possèdent pas de pavillon auriculaire. (Dans un milieu aquatique la fourrure et les oreilles freinent la vitesse ; pensez aux nageurs de compétition avec leur bonnet et leur combinaison très ajustée.)

Les mamelles ? Oui, et même systématiquement, le mammifère est un animal qui fournit du lait à ses petits ; chauve-souris et dauphin allaitent. Et ce n'est pas toujours facile : pour la première qui vit en l'air ou au mieux se suspend la tête en bas pour se reposer, le petit doit être bien accroché au moment de la tétée. D'où ses griffes acérées dès la naissance. Même embarras pour le jeune dauphin, boire en nageant n'est guère commode ; aussi sa mère projette-t-elle carrément du lait, grâce à un mamelon constricteur, dans la gueule du bébé qui la suit. Quand on choisit un milieu aussi extravagant que l'eau ou l'air pour allaiter, il faut bien s'adapter.

Résolument excentriques, ces deux stars du monde des mammifères sont perçues de façon tout à fait opposée par le public : l'un, Flipper, à l'éternel sourire figé sur son museau pointu, toujours élégant et coiffé d'un melon qu'il ne peut même pas quitter pour saluer, a pourtant l'art de déplacer les foules qui adorent ses facéties aquatiques. Ses admirateurs inconditionnels lui attribuent toutes sortes de bienfaits. Il conduit les bateaux à bon port, ramène les nageurs égarés, et ces derniers temps redonne goût à la vie à des enfants handicapés. Légende ou vérité, peu importe, il est aimé. Dans le contexte actuel, fort menaçant pour les animaux sauvages, tant mieux si celui-ci peut bénéficier de la sympathie de tous.

La chauve-souris au contraire est assimilée à la nuit, aux ténèbres et donc au mal, quand elle n'est pas considérée comme un vampire. Les chauves-souris représentent à elles seules le quart des mammifères vivant sur terre (et en l'occurrence dans l'air).

Sur les neuf cent cinquante espèces, trois seulement sont buveuses de sang (on les appelle hématophages), et toute la confrérie en pâtit. Quant à la quantité de sang, prélevée principalement sur du bétail mais aussi sur quelques crapauds que l'on ne saurait plaindre, voire sur des chiens et autres gentils mammifères, elle n'excède même pas l'équivalent de quelques cuillerées à café. De vrais Dracula d'opérette. Ah, bien sûr, on parle aussi de la rage qu'elles pourraient transmettre... Rarissime ! Vous souvenez vous du proverbe : « Qui veut noyer son chien l'accuse de la rage » ? Sans commentaire.

Peut-être y a-t-il un moyen de faire apprécier les chiroptères (littéralement « aile en forme de main »), en somme les chauve-souris : montrer qu'elles ont avec notre ami le dauphin un point commun nommé écholocation. Ce sont d'ailleurs elles qui ont révélé le mystère puisque, dès le XVIIIe siècle, des expériences ont été réalisées sur leur façon de se diriger dans l'obscurité. On découvrit alors que les canaux auditifs avaient une importance notable pour l'orientation de ces animaux. Mais ce n'est que dans les années trente que l'on constatera que les chauve-souris avait besoin des échos de leurs appels pour se repérer ; d'où le terme d'écholocation ou écholocalisation.

Et naturellement c'est à Flipper que l'on attribue désormais des pouvoirs surnaturels. Qui aime bien cajole bien.

L'écholocation, donc, est un étonnant procédé permettant à la chauve-souris de s'orienter et de trouver sa nourriture. Ce mammifère envoie, par la bouche ou par le nez, des ultrasons de haute fréquence compris entre vingt et deux cents kilohertz, donc inaudibles pour l'oreille humaine.

Ces vibrations canalisées sont souvent émises au niveau du larynx. Une exception : la roussette qui, au contraire de soixante-dix pour cent des chauves-souris, n'est pas insectivore mais frugivore, et émet des clics grâce à sa langue.

Peu importe en fin de compte la façon d'émettre ces ultrasons pour notre chiroptère, l'essentiel est que ceux-ci se propagent, trouvent un obstacle et reviennent vers la chauve-souris sous forme d'échos, afin d'être captés par le pavillon de son oreille externe et analysés au niveau de l'oreille interne. Certaines espèces exhibent des pavillons externes impressionnants (jusqu'aux trois quarts de la totalité du corps), non par coquetterie mais parce que cela permet une grande finesse de l'ouïe.

Oreillard, comme tu as de grandes oreilles ! C'est pour mieux t'entendre, mon petit. En effet, ces échos renseignent la chauve-souris sur la localisation des proies ou des cibles, leur taille, leur forme, leur texture et enfin leur distance, et ce tout simplement en comparant la fréquence de l'appel original avec celle de l'écho. C'est un système élaboré qui permet donc de « voir » à l'aide de sons.

En plus elles ont des yeux, ces créatures démoniaques, de vilains yeux cela va de soi, mais quand même des yeux pour voir, pour dévisager, pour effrayer, pour trouver des cheveux où elles vont s'empêtrer.

On prétend même que les roussettes ont une très bonne vision alliée à un odorat fin qui leur sert à rechercher les fruits mûrs et juteux. Alors c'est bien la preuve que l'écholocation est un système diabolique. D'ailleurs toutes les espèces ne la pratiquent pas.

Que penser alors du gentil dauphin ? C'est sûrement différent ; impossible qu'un animal si adorable ait quoi que ce soit de commun avec un vampire ! Désolé pour le dauphin, le système est quasi identique. D'abord lui aussi a des yeux et même de bons yeux puisqu'il peut voir tout à la fois dans et hors de l'eau grâce au travail de puissants muscles qui déforment le cristallin. Il suffit pour s'en persuader de le regarder jouer lors de spectacles aquatiques.

Mais cela ne contente pas notre sympathique Flipper. Comme la chauve-souris, il pratique l'écholocation pour affiner sa vision du monde, un complément naturel qu'il a même perfectionné. Tout d'abord, il n'émet pas les ultrasons par le larynx mais par l'intermédiaire de trois paires de sacs aériens disposées de part et d'autre du conduit nasal. Ces sons, un peu plus aigus, de vingt-cinq à deux cent cinquante kilohertz, sont alors réfléchis par la parabole frontale crânienne située juste en arrière des sacs, puis concentrés en un faisceau au travers du melon. Eh non, ce n'était pas une simple coquetterie !

Après avoir orienté sa tête pour diriger le faisceau d'ondes sonores, notre gentil animal module la fréquence des sons émis en fonction de la distance.

Pour l'écho en retour, bien sûr, pas d'oreille tendue ; il est capté, via un conduit acoustique, par la mâchoire inférieure remplie de graisse et ensuite transmis au cerveau grâce à l'oreille interne.

Compliqué mais efficace. Dans l'eau, les sons sont transmis beaucoup plus facilement que dans l'air, presque quatre fois plus vite, à près de mille cinq cents mètres par seconde. D'où l'inintérêt de posséder des oreilles qui ne serviraient à rien à cet animal fusiforme fort bien adapté à son élément aquatique. Pas d'ornements inutiles dans la nature.

À l'image des chauves-souris, le système d'écholocation du dauphin est très fiable. Le dauphin peut percevoir sur plusieurs mètres un objet de quelques millimètres seulement, et repérer un banc de poissons à tout juste cent mètres.

Mais, de plus en plus fort, Flipper le dauphin peut paralyser, voire tuer, certaines proies sans même les toucher. Il utilise alors les ultrasons comme de véritables pistolets. Ceux-ci font résonner la vessie natatoire, un organe d'équilibre spécifique aux poissons, si fort que cela les désorientent. On a même découvert que certaines espèces de dauphins changent de gammes et utilisent de très basses fréquences qui servent à immobiliser leurs victimes. Des ressources naturelles bien canalisées. Toujours aussi mignon, le dauphin ?

D'accord, il existerait une véritable amitié entre le dauphin et l'homme. On a même décrit des dauphins se précipitant pour aider des êtres humains attaqués par des requins. Mais franchement quand il « regarde » le nageur en utilisant un rayon très concentré d'ultrasons à haute énergie, peut-être faudrait-il s'en inquiéter. Le plongeur, comme un poisson dans l'eau ? Une erreur est si vite arrivée... Non, non, le rêve ne peut se transformer en cauchemar !

Ah, juste une toute dernière indication. L'orque, ou épaulard, que l'on appelle aussi à tort la baleine tueuse, est un gros dauphin. Ne vous inquiétez pas, il croque juste des phoques, des lions de mer, des ours blancs, des manchots, des tortues, des oiseaux... Quelques baleines aussi, s'il peut les capturer avec des congénères. Des plongeurs ? Notre ami Willy est si gentil !

Dans une colonie de flamants roses, comment un couple fait-il pour se reconnaître ?

Le flamant rose, l'un de nos oiseaux préférés. Il faut dire qu'il est tellement beau !

Vous trouvez ? Examinez-le quand il est isolé, au repos ; pour certains il a un corps élancé, de longues pattes effilées, le tout allié à un port altier de la tête ; pour d'autres, il est constitué de bric et de broc, un grand corps rosâtre posé sur de véritables échasses et surmonté d'un long cou portant une petite tête au bec crochu. Normal qu'Alice, en son pays des merveilles, s'en soit servi pour jouer au cricket... Des goûts et de l'esthétisme, on peut toujours discuter.

Tout le monde s'accorde au moins pour dire qu'en groupe (ce sont des animaux très sociaux formant des troupes de parfois plus d'un million d'oiseaux) et en vol, il offre un spectacle à vous couper le souffle.

Toutes les espèces, quatre ou cinq suivant les auteurs, participent de cet effet fabuleux. La plupart migrent pour passer l'hiver sous un climat plus clément. Pourtant, en dépit de leur apparence fragile, les cinq espèces de flamants survivent en de nombreuses régions, surtout tropicales et subtropicales, où peu d'animaux réussissent à vivre. On les trouve le plus souvent dans les eaux peu profondes salées, saumâtres, ou dans des lacs alcalins. Des originaux dans leur forme, leur couleur et leurs mœurs !

Originaux certes, extravagants peut-être, mais pas fantasques : ce n'est pas parce qu'ils apprécient les grands rassemblements, avec parades nuptiales collectives durant lesquelles tous les individus de la colonie vont réaliser une gestuelle spécifique, ouvrant puis élevant leurs ailes en cadence et tournant la tête en un vaste mouvement synchronisé, que ce sont des débauchés. Loin de la. C'est vrai qu'ils cancanent (tout comme les oies mais aussi les bernaches) et que ce bruit est assourdissant. Mais malgré cette rumeur, une certitude : chacun aura sa chacune, la fidélité est majoritairement de règle chez ces animaux qui peuvent vivre jusqu'à cinquante ans !

C'est au cours de ces festivités collectives que les couples se forment ou plus souvent se retrouvent, en initiant de manière plus discrète des parades encore plus ritualisées pouvant durer toute une journée. Désormais on se connaît, on se reconnaît. Si ce n'était déjà fait, on rosirait de bonheur. Un mois après l'appariement, les tourtereaux vont édifier un nid fait de boue et de plumes sur lequel pourra reposer l'enfant unique, du moins l'œuf qui y sera pondu. Le mâle et la femelle se relaient tous les deux jours pendant la couvaison. Fait rare chez les oiseaux, le mâle possède lui aussi une plaque incubatrice. Cette plaque est en réalité une zone située sous le ventre qui se déplume au moment de la ponte, où la circulation sanguine est importante et permet ainsi de réchauffer l'œuf lorsqu'il est couvé. Pendant ces moments de liberté, les individus partent se nourrir puis viennent relayer leurs partenaires. Un partage des tâches totalement équilibré, une véritable égalité des sexes, signée par une apparence quasi identique.

Mais qu'est-ce qui fait donc que les individus se retrouvent au sein de milliers d'autres ? Les flamants n'ont pas de caractères physiques qui les différencient individuellement. Dans chaque couple le mâle est un peu plus grand, et encore ! Ont-ils chacun une odeur spécifique ? L'olfaction n'est pas un sens primordial chez l'oiseau, et pour retrouver un compagnon au sein d'une troupe de plusieurs milliers de congénères, il faudrait avoir un sacré flair.

Les flamants ont beau avoir le bec long, crochu diront les médisants, leurs narines situées au-dessus et surtout leur odorat restent bien modestes.

Leur secret, leur talent et cela en est un, c'est la modulation de leur voix. Comme chez la plupart des oiseaux qui vivent et nichent en colonie, c'est ainsi qu'ils se reconnaissent, et même si le bruit ambiant émis par les congénères peut dépasser trois fois le bruit d'un périphérique aux heures de pointe, les amoureux, évidemment seuls au monde, se retrouvent grâce à leur signature vocale.

Une meilleure audition que nombre d'oiseaux ou une plus grande passion ? La réponse, on vous l'a donnée : une fidélité quasi exemplaire et un conditionnement répétitif ; à chaque saison reproductrice la même mélodie, un couple qui vocalise d'un même cœur...

Pour une oreille humaine, si d'aventure on l'entend, le chant des flamants semble identique d'un individu à l'autre. Soyons honnêtes, leur capacité vocale est fort méconnue et, sans vouloir les vexer, peut le demeurer. À la Star Academy des oiseaux, les cris disgracieux des flamants les élimineraient dès la première semaine. De toute façon, dans ce genre de spectacle, c'est évidemment le rossignol qui serait le gagnant. D'autant qu'en chantant la nuit (pour marquer son territoire avant les autres en arrivant de sa migration, mais peu importe, il peut passer en *prime time* c'est l'essentiel), ce dernier part grand favori.

Aussi peu importe au flamant rose le bel canto de son concurrent ; il ne cancane pas pour gagner mais pour aimer. Lui, s'il avait voulu entrer en compétition, il se serait plutôt inscrit dans les concours de beauté. Ce qu'il veut, précisons-le à nouveau, ce n'est pas se faire connaître mais se faire reconnaître... Par la seule qui importe à ses yeux, sa bien-aimée. Et ce n'est pas commode, dans ce brouhaha !

Déjà qu'il est timide, le grand dadais (c'est un peu comme sa copine la girafe, beaucoup le croient lui aussi muet), il ne chante pratiquement que pour séduire. Et pour cela il a une recette, un élément dans la structure vocale qui lui est propre ! Cet élément, ce signal sonore, chaque partenaire du couple va le ritualiser, le répéter, l'intégrer pendant la parade nuptiale. Une fois enregistré, il deviendra signe d'identité, une alliance inscrite dans la mémoire et quasiment indélébile.

C'est que la tâche sera rude pour nos amants rosissants. Avoir un bébé (qui entre nous soit dit sera gris et non rose comme ses parents, encore un effet de leur excentricité) c'est bien, c'est naturel, mais le retrouver parmi des milliers d'autres c'est plus compliqué. Chez certains oiseaux sociaux qui usent du même procédé, tels les manchots Adélie très étudiés sur ce sujet de la reconnaissance vocale, les scientifiques ont découvert qu'ils s'aidaient en repérant la place du nid pour dénicher leur petit ou leur conjoint.

Cela pourrait être la même chose pour nos flamants, mais le problème se complique quand ils placent leurs oisillons en crèche communautaire.

En effet, après l'éclosion, les parents s'occupent de leurs jeunes pendant une dizaine de jours, puis tous les petits de la colonie (qui éclosent en même temps) sont regroupés en crèche. Certains adultes les surveillent et les parents reviennent tour à tour nourrir leur progéniture. Donc ils se trouvent confrontés à un véritable casse-tête (et on prétend qu'ils n'en ont pas beaucoup !) : retrouver à coup sûr leur chère progéniture. La solution est simple : même cause, même effet, le cri de leur poupon est consigné dans leur mémoire de volatiles. Qui a osé dire qu'ils avaient une cervelle d'oiseau ? Quand aux quelques erreurs constatées : il faut bien des exceptions pour confirmer la règle !

La reconnaissance individuelle entre les partenaires du couple (ou entre les parents et leurs petits) est analogue au tic-tac d'une montre auquel nous n'aurions pas été sensibles pendant plus d'une heure et qui, pourtant, va nous poursuivre par la suite. Une fois cette « obsession » générée, les flamants utilisent leur capacité à extraire ce signal même dans le tapage engendré par leurs bavards congénères. C'est ce que l'on appelle l'effet *« cocktail party »*, qui permet de distinguer une source sonore parmi d'autres dans un environnement assourdissant, tout comme nous sommes capables de suivre une conversation provenant d'une banquette éloignée dans un train bondé.

Pour parfaire la reconnaissance, l'oiseau qui appelle adopte une posture particulière, corps et tête dressés, ce qui permet au signal de ne pas être trop absorbé par les autres oiseaux. Pendant ce temps-là le flamant qui écoute se lève lui aussi, afin de porter sa tête au-dessus de la foule. Les signaux, enfin, sont super codés et modulés. Ils peuvent même être doublés en fréquence, afin d'accentuer encore la reconnaissance. Chez ces oiseaux l'amour ne donne pas des ailes, mais de la voix.

L'effet *cocktail party* est loin d'être une spécificité du flamant rose. Il est partagé par bien des oiseaux, surtout les manchots, qu'ils soient d'Adélie, royaux ou empereurs. Cependant, même si l'élégance est aussi un principe dans ce dernier groupe quelque peu emprunté dans son éternel smoking, aucun ne peut franchement rivaliser avec la légèreté, la grâce, la joliesse, certains diront le ridicule, de l'éternel fourreau de plumes roses de notre flamant. Réunions mondaines obligent !

– 4 –

LE TOUCHER

« J'ai été très touché » voilà bien une phrase qui résume le sens donné au « tact », la sensibilité à l'état pur, l'émoi, l'indescriptible. Le cœur et non la raison ! Car seuls les sens qui nous permettent de nous projeter au loin, et donc de prospecter l'univers, sont considérés comme nobles : la vue a donné la clairvoyance, et l'ouïe, l'entendement. Vu, entendu : compris. Indiscutablement ici prime la raison, pas le cœur.

Le toucher, comme le goût (souvent associé à l'odorat), implique chez l'homme une notion de proximité, un contact physique. Peut-être est-ce pour cela que ces derniers sens, prétendus plus primitifs, sont restés, dans notre langage très structuré, plutôt liés à l'émotion : « je l'ai tout de suite senti », « j'ai une sensibilité à fleur de peau » ou, à l'inverse, « je n'ai eu que du dégoût ».

Obsédé par son intelligence et son raisonnement, l'homme a souvent relégué tout ce qui touche au sensitif dans les oubliettes de son puissant cerveau. L'intelligence affective n'est décidément pas son truc. Pourtant, qu'il le veuille ou non, il est de plus en plus rattrapé par son côté animal. Il ne pourra plus longtemps nier que d'une part l'esprit et le corps ne font qu'un, et que d'autre part le tact, c'est-à-dire le toucher, ne peut ni ne doit rester le signe exclusif d'une bonne éducation culturelle.

En dehors de son rôle protecteur, la peau marque la limite entre notre intérieur, notre intimité corporelle, et le monde extérieur.

Elle est truffée de terminaisons nerveuses sensibles à la douleur et aux variations de température. Mais elle est par surcroît parsemée de récepteurs mécaniques : certains permettent de sentir des contacts très légers. Ils sont associés au toucher proprement dit, ce sont les corpuscules de Meissner.

D'autres, installés plus profondément dans la peau, réagissent aux mouvements des poils (peu nombreux chez l'homme, ce « singe nu »). Ces deux types de récepteurs ont des réponses rapides et modifiables. Leur densité est très élevée chez l'homme à l'extrémité des doigts et de la langue. Il existe encore certains récepteurs plus lents et moins adaptables, sensibles à la pression et à l'étirement, d'autres qui répondent à des vibrations de fréquences extrêmement basses...

La peau comprend donc un ensemble de détecteurs qui enregistrent toutes les formes du toucher. Selon les espèces, leur densité n'est pas uniforme, ni localisée au même endroit. Ainsi, alors que chez tous les primates, l'homme compris, les sensations tactiles sont surtout liées aux mains, on sait que chez les chats ou les lapins ce sont les vibrisses ou moustaches qui sont les récepteurs du toucher. Deux façons de se frotter au monde.

On a vu que le toucher intéresse trois sensations mécaniques : la pression, la vibration et le toucher proprement dit. Ce sens n'est pas primitif mais primordial pour le petit de l'homme : dès la septième semaine de sa vie, le fœtus va recevoir les pressions et les vibrations du milieu liquide dans lequel il se trouve. Il ressemble ainsi à un poisson dans l'eau. Pendant l'accouchement il sera vigoureusement massé par les contractions utérines. Après sa venue au monde, ses premières sensations concernent sa mère, via sa bouche, sa langue (en tétant), et les paumes de ses mains qui lui permettront de s'agripper à sa génitrice. Dans les mois qui suivent la naissance, le bébé aura besoin de maintenir un contact étroit avec le corps maternel. Ce premier contact corporel influencera très profondément le développement physique et psychologique du nourrisson, donc de l'homme qu'il deviendra plus tard.

Source de plaisirs intenses, le toucher a toujours fait l'objet de tabous socioculturels et religieux. Dans les sociétés dites modernes, ce sens de trop grande proximité est devenu principalement jeu érotique. Il suffit d'observer, pour s'en convaincre, l'avènement il y a quelques années de pratiques de massages réservées aux adultes... dans nombre de curieuses officines.

Cependant, dernièrement, la tendance s'est inversée : on masse uniquement en vue du bien-être corporel ou de la relaxation, avec ou non l'aide de frictions bienfaisantes, du plus petit au plus grand, sans autre arrière-pensée que la décontraction musculaire et l'assoupissement de l'esprit. Peut-être est-ce un retour vers la particularité fondamentale de l'ordre des primates, la communication tactile.

Pour les mêmes raisons, on a renoncé aux pratiques d'autrefois concernant le bébé. Par mesure d'hygiène, celui-ci a longtemps été emmailloté et éloigné de sa mère, puis posé dans un berceau certes douillet mais infiniment moins tactile que le ventre et le corps de sa génitrice. C'est fini !

Pourquoi nos cousins les singes passent-ils leur temps à s'épouiller ?

Malin comme un singe ! Non pas qu'il soit rusé ni astucieux, notre cousin. Cela, c'est réservé à compère renard. Au Moyen Âge, « malin comme un singe » signifiait « méchant », le singe symbolisant le démon, l'esprit du mal, le diable (ou le Malin) dans la religion chrétienne.

Depuis toujours nous entretenons avec nos proches parents, les autres primates, des relations d'amour-haine. Logique dans toute famille.

Les singes, on les aime ou on les déteste, il n'y a pas de milieu. Ceux qui les apprécient déclarent qu'il ne leur manque que la parole. Ceux qui les abhorrent considèrent qu'ils ne sont bons qu'à se gratter ou à forniquer entre eux. Mettons tout le monde d'accord : il y a du vrai et du faux dans ces assertions.

Pour nous, les singes savants sont des singes parlants... Avec nous, bien sûr, pas entre eux. Ce qui nous préoccupe est de savoir si, vivant à nos côtés dans des laboratoires, ils peuvent communiquer avec les chercheurs, si ce n'est par la parole, tout au moins à l'aide de lexigrammes, c'est-à-dire sous forme de tableaux sur lesquels on a inscrit des symboles correspondant à des objets. Il suffit ensuite qu'ils appuient sur le bon symbole pour obtenir l'objet désiré. Ce système, plus ou moins amélioré et combiné à une gestuelle appropriée, a permis à des grands singes d'approcher la « compréhension » d'un enfant de quatre à cinq ans. Ce qui les a initiés à notre univers dit « conceptuel », mais les a nettement éloignés de leur origine simiesque, c'est-à-dire de leur monde propre de singes dans lequel la communication vocale a une moindre importance.

S'ils se grattent entre eux, ce n'est pas parce qu'ils sont sales ou ont des démangeaisons, mais parce qu'ils s'épouillent. Quand on s'épouille c'est parce qu'on a des poux et donc que cela vous gratouille... ou vous chatouille, comme dirait le Dr Knock. Pas chez les singes où, paradoxalement, on peut s'épouiller sans avoir de poux, juste pour assurer la cohésion sociale. Cette étonnante activité, appelée dans le monde des primatologues (ceux qui étudient le comportement des singes) toilettage, épouillage ou *grooming*, est une marque sinon d'amitié, du moins de non-agressivité.

Le toilettage permet avant tout d'évacuer les tensions. Cette activité quasi universelle chez les singes peut occuper la majeure partie de la journée, avec un minimum de deux heures suivant les espèces. Il s'agit là d'un ciment social qui a ses codes, ses rites et ses stratégies : on ne toilette pas n'importe qui !

En général un animal de bas rang peut offrir ses services au dominant, une façon tout à lui de faire allégeance. Les femelles, en particulier, sont devenues des inconditionnelles de ce système. Elles peuvent ainsi approcher des individus des deux sexes susceptibles de leur accorder quelque bénéfice, en général un accès à la nourriture ou à un jeune poupon qu'elles aimeraient caresser.

Il n'est pas rare de voir une querelle de primates, avec force cris, mimiques (ce que l'on croit être des grimaces) et même coups de dents se terminer en une *grooming party*. Mollement allongés sur le sol ou sur une branche, selon leur mode de vie plus ou moins terrestre, les singes rassemblés s'épouillent tranquillement. C'est en quelque sorte une ébauche de *peace and love*, une réunion de hippies sans les costumes à fleurs.

On se dit qu'il ne leur manquerait que de fumer un pétard pour accéder au nirvana... Eh bien détrompez-vous, ils n'en ont pas besoin : ils ont trouvé un système de dopage naturel. Chez eux, les seringues ou autres « fumettes » se révèlent inutiles. Le toilettage libère dans le cerveau des endorphines, substances possédant une structure comparable à l'opium et qui pourrait avoir des effets identiques : les singes peuvent ainsi « planer artificiellement » sans même avoir besoin de sauter d'une branche à l'autre. Mais pour avoir droit à son petit shoot, il convient néanmoins d'être quelque peu sado-maso : en effet, en tirant sur les poils de la fourrure, on produit une douleur certes modérée mais qui déclenche la libération de ces fameuses substances. Détendus, les animaux se relaxent et ferment les yeux.

Chez nous, vu notre peau glabre, on a bien du mal à étirer nos poils. On gratte, on desquame, mais c'est moins efficace. Quant aux célèbres crêpages de chignon, ils sont quelque peu violents et donc peu enclins à donner de bons résultats. Paix et amour, *peace and love*, on vous l'avait bien dit.

Le *love*, on le trouve avant tout chez les bonobos, encore appelés chimpanzés nains, qui vivent exclusivement dans les forêts touffues de la République démocratique du Congo. Eux ont accentué et même amélioré ce système d'apaisement. « Faites l'amour, pas la guerre » est le fondement de leur société. Chez eux le sexe est une monnaie d'échange, une monnaie de singe bien évidemment. Ils en usent et en abusent, pour tout, pour rien, avec n'importe qui. Les joutes érotiques sont permanentes chez les primates de tous bords et de tous sexes, hétéros ou homos confondus dans une même fête de la luxure. Les femelles s'accouplent indifféremment avec d'autres femelles ou mâles, ces derniers entre eux, les jeunes avec tout le monde, et les petits participent aux ébats en s'amusant à grimper sur les tendres belligérants. Une orgie sociale qui évite les conflits inhérents à toute vie en société.

À côté, leurs très proches cousins les chimpanzés dits communs, volontiers agressifs et guerriers, se contentent du système classique d'épouillage, juste accentué par de petites frappes sur la main tendue en cas de rencontre imprévue. Bien sûr, une tape amicale peut parfois éviter un conflit !

Il n'en reste pas moins qu'en troupe restreinte ou nombreuse, ces chimpanzés vivent dans une tension permanente. Les problèmes de dominance, d'abord et avant tout entre mâles, sont sources de querelles fréquentes et dangereuses pour le groupe : dans ce cas-là, les frappes ne se contentent plus d'être de simples gestes de reconnaissance. Tout en hurlant, on se bourre de coups, on se mord violemment. À l'occasion, si par hasard on trouve ou on arrache une branche, on se bastonne, on jette des pierres ou des morceaux de bois à l'ennemi, montrant ainsi qu'on est capable d'utiliser des outils, ce qui est, paraît-il, signe d'intelligence.

Au fait, dans la classification zoologique, l'homme est bien un primate ! Alors, au lieu de dire que le singe imite l'homme, espérons plutôt que l'homme imite le bonobo !

Comment la taupe voit-elle sous terre ?

Facile, bien sûr, devant un pauvre homme cherchant son chemin sur un panneau indicateur, de s'exclamer : « Et en plus, il est myope comme une taupe ! » S'il vous plaît, n'insultez pas cette pauvre bête... La taupe, c'est un fait, n'a pas une bonne vue. On pourrait même dire, sans en rajouter, qu'elle est quasi aveugle. Mais franchement, à quoi bon posséder une bonne vision lorsqu'on vit sous terre, dans l'obscurité ? C'est dans sa nature, la taupe est un animal dit cavernicole. Il faut de tout pour faire un monde.

Elle, elle passe presque toute sa vie dans des galeries creusées grâce à ses pattes antérieures en forme de pelles. Rares sont les moments où l'on peut l'apercevoir à l'air libre. Et tant mieux pour elle, parce que, en général, on l'attend, à la sortie, avec une bêche, un râteau, ou n'importe quel objet contondant afin de lui faire passer le goût de creuser des galeries et tunnels sous les pelouses et autres plates-bandes du jardin.

Puisqu'on vient de vous expliquer que c'est dans sa nature, pourquoi voulez-vous l'exterminer ? Pour quelques fleurs, quelques gazons, quelques légumes abîmés ? Ah, si vous pouviez la regarder dans les yeux !

Oui, mais voilà, regarder une taupe dont les yeux, ça se mérite. Dans la majorité des espèces, les yeux se limitent à un orifice à moitié caché par un repli de fourrure. Chez d'autres, une membrane de peau leur recouvre les yeux, rendant ces derniers inutiles. Pourtant la taupe est capable de creuser des galeries qui peuvent atteindre cent cinquante mètres de long, de s'y déplacer à une vitesse impressionnante (près d'un mètre par seconde) grâce à un corps fusiforme, et d'y chasser. Car la taupe est un redoutable prédateur. Mais si elle est détestée des jardiniers ce n'est pas parce qu'elle se nourrit de leur précieuse récolte, c'est pour les dégâts qu'elle cause au niveau des racines.

De fait, ce tout petit mammifère d'à peine quinze centimètres de long, et pesant une centaine de grammes, pourrait être surnommé, et à juste titre, le « bulldozer » des jardins. Le travail alternatif de ses robustes pattes avant permet en effet de charrier jusqu'à six kilos de terre en vingt minutes, le tout à moins d'un mètre de la surface, soit juste au niveau des racines des légumes du jardinet. Un travail de titan pour lequel elle est parfaitement étudiée. Elle a toutes sortes de trucs et surtout... énormément de tact, la taupe !

La preuve, son pelage : des poils rares y sont implantés verticalement et lui permettent d'avancer et de reculer sans se retrouver à rebrousse-poil. En plus, cela donne à sa fourrure une douceur extrême. N'insistons pas, car on voit déjà se profiler le manteau en poil de taupe... D'autant plus que la malheureuse signale sa présence par de nombreuses taupinières, ces petits amas de terre qu'elle rejette pour creuser son réseau de galeries qu'elle accroît sans cesse. Il faut l'admettre, cela fait désordre sur les belles pelouses bien tondues. Et alors : la mode du jardinage écologique et naturel réprouve tout ordonnancement trop rigoureux ! Quelques mottes de terre par-ci par-là ça évite de faire « genre », comme on dit maintenant. Il suffit de le dire, ou de le lire, que déjà ça calme. Si, si, vous verrez. Le jardinage est fait pour la paix de l'âme.

D'ailleurs, si la botanique n'intéresse pas beaucoup la taupe, c'est parce qu'elle a d'autres préoccupations. Elle a un péché mignon : les vers de terre. Elle peut en avaler jusqu'à cinquante grammes par jour, soit la moitié de son poids.

Seuls quelques oiseaux sont capables de cet exploit. Mais eux, pour beaucoup, migrent l'hiver... Vous voyez la taupe migrer en se déplaçant sous terre comme une pelleteuse ? Vous n'auriez pas fini de râler. Alors, de peur de manquer, il est fréquent qu'elle stocke l'hiver jusqu'à deux kilos de lombrics dans un coin de sa galerie en vue d'un futur casse-croûte. Pas besoin de réfrigérateur, les vers de terre sont savamment mordus à la tête, de façon à être immobilisés mais toujours vivants. Cruel mais efficace. On n'a rien sans rien. En plus, on ne voit pas pourquoi certains prétendent que les vers de terre aèrent la terre alors que la taupe, elle, serait nuisible. La preuve : c'est un insecticide. Certaines larves de coléoptères ou de mouches sont aussi appréciées au menu. En somme, on peut dire que c'est la fable de *La Cigale et la fourmi* recomposée. Vous migrez ? J'en suis fort aise, eh bien creusez à présent.

Franchement, pourquoi tant de haine à l'égard de dame taupe ? Si elle a résisté à tant d'avanies c'est qu'elle a des super-pouvoirs : certes, sa vue est quelque peu médiocre. Mais, tout de même, elle peut discerner la lumière et donc faire la différence entre le jour et la nuit. Soyons honnêtes, elle n'est pas capable de détecter les mouvements, compte tenu de la configuration de ses yeux. Qu'importe, elle compense par une bonne audition. Ne cherchez pas à lui tirer l'oreille pour ses méfaits, elle ne possède pas de pavillon auditif externe, elle perçoit les sons grâce à la résonance du sol.

Un vrai sixième sens. La taupe n'est pas non plus en reste avec un odorat très fin qui lui permet de repérer les vers à une dizaine de centimètres à travers la terre.

Mais surtout, son vrai secret, le voici enfin dévoilé : un sens tactile particulièrement développé. Des poils érectiles reliés à des récepteurs spécialisés sont présents sur ses pattes, sa queue et son groin. À l'image de nombreux mammifères son museau, qui est très allongé comme celui de ses cousines insectivores les musaraignes, possède des vibrisses. Ces longs poils sensoriels richement innervés sur son « fin minois » – un peu de mansuétude pour elle s'il vous plaît – lui permettent (comme minet, mais chez lui on trouve cela formidable) de sentir son environnement à distance.

Ajoutez à tout cela des mécanorécepteurs au niveau du museau et vous faites de cet animal malvoyant la terreur des sous-sols. Ces mécanorécepteurs ultraperfectionnés, encore appelés organes d'Eimer, reçoivent et traitent les informations tactiles, les changements de température et d'humidité. Ces organes sont très sensibles, donc très fragiles. C'est sans doute pour cette raison qu'un coup porté sur le nez d'une taupe pourrait être mortel.

Au royaume des taupes, les perfectionnistes sont rois : le condylure étoilé, taupe d'Amérique du Nord, possède même des appendices similaires à des tentacules, situés sur le bout du museau et contenant des récepteurs sensoriels en relation directe avec le cerveau. Ces tentacules seraient électrosensibles et permettraient à cette taupe de se déplacer et de se localiser. Une preuve de plus, s'il en fallait, de son extrême ingéniosité.

Bref, il s'agit là d'un être plein de tact, prévoyant, sensible, méconnu. Mais, après tout, elle en est bien contente. Car, comme vous le savez, pour vivre heureux il faut vivre caché.

Pourquoi le poisson est-il capable de s'enfuir avant même de nous apercevoir ?

Tout le monde a l'image d'un banc de poissons qui s'enfuient face au danger en s'étant tous retournés au même moment, dans la même direction. Impressionnant, non ?

Un peu comme la mouche qu'on essaye de saisir, les poissons sont capables de s'échapper avant que l'on ait pu réaliser le moindre geste. Les poissons ont-ils des yeux aussi sophistiqués que la mouche ? Pas du tout ! Certains, vivant en eaux profondes, sont même presque aveugles. On en revient à notre taupe : à quoi sert d'avoir des yeux quand on vit dans le noir ?

Ce n'est pas non plus par prémonition, mais grâce à un sens qui est très développé chez eux : le toucher. Pour nous, humains qui avons besoin d'un contact pour actionner ce sens, cela nous paraît de l'ordre du fantastique.

Les poissons possèdent en fait une structure présente sur toute la longueur de leur corps, de la base de la queue à l'opercule, appelée *ligne latérale*. Celle-ci est construite comme un petit canal qui abrite des cellules sensorielles spéciales : les neuromastes, des mécanorécepteurs sensibles à la pression et aux vibrations mécaniques d'un liquide et qui donc analysent les mouvements de l'eau et y réagissent.

Lorsqu'un poisson ou tout autre nageur évolue dans l'eau, il crée une onde due au déplacement de cette dernière. Cette onde ou vibration se propage jusqu'à ce qu'elle rencontre un obstacle. Ainsi, si un prédateur s'approche d'un poisson, l'onde qu'il va créer en nageant va rencontrer les fameux neuromastes de la ligne latérale qui vont ensuite transmettre l'information au cerveau par l'intermédiaire des nerfs crâniens. Mêmes causes, mêmes effets : c'est toujours le schéma identique du récepteur vers le cerveau, même quand il s'agit d'un poisson.

Suivant l'intensité de l'onde, le poisson peut alors définir la taille de l'éventuel prédateur ainsi que sa vitesse, ce qui lui donne une bonne longueur d'avance pour fuir. Ce système constitue donc un véritable sens du toucher à distance. Pourtant la structure de la ligne latérale est très semblable à notre système auditif qui en est sans doute dérivé.

D'autres cellules, présentes sur le reste du corps, sont capables de fonctionner comme des cellules classiques du toucher en réagissant au contact de la peau ainsi qu'aux vibrations. Ce n'est pas sans rappeler le fonctionnement des sonars des chauves-souris, qui se servent de l'écho de leurs ultrasons pour visualiser leur environnement. Notre petit poisson, lui, se sert des vibrations qu'il crée dans l'eau en nageant, lesquelles vont aller rencontrer un obstacle et revenir vers lui pour lui fournir des informations. C'est de cette manière que votre poisson rouge est capable d'éviter la vitre de son aquarium et c'est aussi de cette façon qu'il peut cartographier son environnement.

N'espérez donc jamais noyer le poisson, sa ligne latérale le sauvera.

Comment la femelle araignée sait-elle que son mâle lui fait la cour ?

S'il est un animal réservé et plein de tact, c'est bien l'araignée. Araignée du soir, espoir. Et pourtant elle ne provoque que phobie chez les uns, dégoût voire répugnance chez les autres. De fait, le reste du temps on dit « araignée du midi, souci ». « Araignée du matin, chagrin. » Que ceux qui n'ont jamais écrasé d'araignées lèvent la main !

Pour nous, avoir une petite araignée dans la tête n'est pas signe d'équilibre et de bon sens. Et pourtant elle devrait être pur symbole de clairvoyance, notre arachnide, avec ses huit yeux placés frontalement juste au-dessus de la bouche, sur ce qui lui sert de tête ! C'est peut-être là le fond du problème, ce pourquoi nous craignons plus les araignées que nombre d'insectes ; chez ces derniers on distingue nettement une forme qui nous rassure : tête, thorax, abdomen et pattes, enfin quelque chose de construit, d'équilibré, même si la fantaisie règne par ailleurs dans le domaine de la couleur et de la taille.

L'araignée, elle, est tout en jambes : deux fois deux paires, huit en tout – un chiffre qui décidément la définit –, deux de plus que les insectes qui n'en ont que six, une des caractéristiques de leur groupe ; huit pattes qui confèrent à ces bestioles une rapidité menaçante (surtout envers leurs proies lorsque celles-ci sont repérées...), non pas grâce à la vision (qu'elles ont très médiocre) mais grâce à leur sens tactile ultraperfectionné.

En effet, les huit yeux des araignées ne signifient pas qu'elles ont une bonne vue, car ces yeux sont peu performants. À l'inverse de ceux des insectes, ils sont primitifs (c'est-à-dire non composés) et seule la paire d'yeux principale, située au milieu et à l'avant (en général plus imposante que les autres), permet une vision directe basée sur la luminosité... Chez certaines espèces, leur taille est même supérieure à celle du cerveau. On pourrait dire qu'elles ont les yeux plus gros que la tête... et cela n'étonnerait personne, vu l'antipathie légendaire provoquée par ces animaux.

Il existe plus de quarante mille espèces d'araignées de toutes tailles, plus ou moins velues, de formes et de couleurs variées, allant du jaune au bleu en passant par le rouge. Les araignées ont su s'établir dans toutes les régions du globe, Antarctique mis à part. Aussi, au lieu de les prendre en horreur, on devrait sincèrement être admiratif. Enfin, pourquoi s'affoler à la vue de ces pauvres petites bestioles ? Moins d'un tiers d'entre elles sont venimeuses pour l'homme, une centaine provoque par leurs morsures des réactions plus ou moins vives et très peu, moins d'une dizaine, sont mortelles : il faut pour cela une quantité énorme de venin et ce n'est jamais la petite bête qui va manger la grosse ! Seulement voilà, l'imaginaire collectif a une fois pour toutes placé ces animaux dans le haut du panier, celui du top cinq de la vermine.

Et pourtant l'araignée est tout en finesse, tout en caresses. Déjà, qui dit araignée dit toiles, donc soie produite par le biais d'une glande située au niveau de l'abdomen. Ce sont de véritables œuvres d'art, issues de plus de cent quatre-vingts millions d'années d'évolution et incontestablement placées parmi les réalisations les plus sophistiquées du règne animal. Leur fabrication est tout à la fois simple et perfectionnée : elles se composent d'un cadre en filaments soyeux disposés en rayons, ceinturés par une spirale et complétés par une sorte de liquide collant qui maintient la frêle structure. Cependant ce filet de soie ne doit pas être repéré et les gouttes de glu qui recouvrent les fils de la spirale tendent à refléter la lumière. Résultat, plus l'animal vit à l'extérieur, moins il met de substance collante. A contrario, s'il réside dans un endroit obscur, il pourra mieux arrimer son piège et mieux le consolider. De véritables toiles d'artistes uniques et originales, créées et adaptées à un espace, on vous l'avait bien dit.

En réalité toutes les araignées ne tissent pas, certaines vivant à même le sol dans des anfractuosités ou des fissures creusées par d'autres animaux. Mais même dans ce cas, parfois ces terriers sont en partie tapissés de soie, de petits nids douillets pour ces grandes chasseresses troglodytes. Leurs décorations murales peuvent alors avoir diverses formes : petit muret à l'entrée pour celle qu'on appelle la lycose de Narbonne, chaussette allongée pour la petite mygale française, simple fil détecteur devant l'orifice de la cachette pour beaucoup d'autres...

Plus on monte dans l'habitat, plus les choses se compliquent. Chez beaucoup d'espèces la toile « s'affiche » hors du terrier ou en l'air. On voit dès lors apparaître des structures faites de dizaines de fils verticaux entrelacés qui partent du sol et s'accrochent à des branches ou des feuilles. Par malheur pour eux, indifférents à la beauté de ces toiles, les insectes heurtent les fils et s'y empêtrent... pour y être plus tard dévorés. De l'art alimentaire, en quelque sorte !

D'autres espèces, appelées orbitèles, ont des toiles régulières plus spacieuses et plus efficaces, majestueusement accrochées dans les buissons ou les arbres. Certaines araignées sportives et originales se suspendent simplement à un fil, la tête en bas, de façon à être juste au-dessus du sol, une forme naturelle de saut à l'élastique. Quelques-unes se spécialisent et « bullent » carrément sous l'eau en coinçant des gouttelettes d'air dans leur filet de soie. Elles devront alors rabattre, à la nage, de petits invertébrés aquatiques vers les mailles de ce dernier... À chacun son imaginaire et son efficacité.

En ce qui concerne la sensibilité, les araignées ont des trucs : des mécanorécepteurs (les trichobothries), de longs poils fins et mobiles, se trouvant principalement au niveau des pattes, très spécialisés et sensibles aux plus faibles variations des vibrations de l'air. Un deuxième type d'organes capte aussi des informations mécaniques, les organes lyriformes (situés là encore aux articulations des pattes) qui enregistrent les vibrations perçues par ces dernières comme, par exemple, celles produites par la chute d'une proie sur la toile. À cela s'ajoute une pilosité ordinaire qui permet une extrême sensibilité tactile. Eh oui, avoir du poil aux pattes peut représenter quelques avantages !

Cependant, chez ces petits êtres sensibles que sont les arachnides, tout n'est pas douceur et volupté. Filer de la soie, par exemple, ne se pratique pas pour le seul amour de l'art. La soie en question est souvent aussi résistante que du fil de Nylon. Elle peut avoir divers types de fonctions et servir dans l'élaboration d'abris, de pièges pour les insectes qui s'aventurent un peu trop près de la toile, de moyen de transport pour permettre à l'animal de se balancer au gré du vent, mais aussi de poche à œufs, un porte-bébé élaboré.

Toutes les araignées sont prédatrices et friandes d'insectes en tout genre. Jusque-là rien d'extraordinaire, ni de cruel. Il faut bien survivre dans ce monde de brutes. Mais quel étonnant dévouement maternel ! Beaucoup meurent après avoir pondu, en ayant pris soin auparavant de mettre les cocons contenant leurs œufs à l'abri sous des pierres ou dans la végétation. D'autres veillent sur leur progéniture en restant à côté de leurs futurs petits. Quelques-unes confectionnent une toile pouponnière en forme de sphère qu'elles suspendent et surveillent jusqu'à l'éclosion. Et nombre d'espèces qui survivent à la maternité portent les jeunes sur leur dos...

Alors pourquoi tant de méfiance et de calomnies envers ces insecticides naturels ? Peut-être parce qu'au niveau de la reproduction, ce ne sont pas des tendres. Loin des parades nuptiales et démonstratives de certains oiseaux, chez les arachnides, se reproduire, c'est d'abord éviter de périr. Jusqu'à cent fois plus petit que la femelle dans certaines espèces, le mâle araignée doit tout d'abord apaiser l'instinct de prédation de la femelle avant de l'approcher. Une femelle avertie en vaut deux ! Le problème, pour lui, c'est l'hypersensibilité de sa future. Celle-ci perçoit le moindre mouvement de sa toile par le biais de ses fameux mécanorécepteurs. Aussi lorsque l'amant souhaite tout à la fois faire vibrer sa femelle et sa toile, la belle peut le prendre pour une proie et le dévorer au même titre qu'une mouche. Dame araignée est loin d'être sectaire ; elle se rue sur tout ce qui bouge !

Pour éviter sa perte, le mâle doit prévenir sa fiancée de ses délicates intentions en installant un « fil de cour » sur la toile de l'épousée, puis tapoter avec ses pattes des vibrations « du tendre » au rythme particulier. La femelle reconnaissant la partition de percussion va alors permettre au mâle de s'approcher... et, s'il n'y a pas de fausses notes, de s'accoupler enfin ! Mais Monsieur n'est pas à l'abri de se faire dévorer une fois l'acte terminé. En bonne mère, Madame apprécie de consommer quelques protéines pour se requinquer avant de pondre, et un petit époux vite avalé est un bon amuse-gueule !

Cette parade nuptiale, du genre « tu viens chéri, on va se faire une toile », n'est pas la seule méthode utilisée par le mâle. Chez certaines espèces, on a amélioré le système : le mâle vient avec un cadeau, un insecte emmailloté dans de la soie qui servira à occuper la femelle pendant l'accouplement. D'autres préféreront la manière forte et vont immobiliser leur conjointe en la ligotant dans des fils, toujours soyeux... En somme, tout est bon pour ne pas risquer de subir les instincts maricides de ces dames. Même si, il faut bien l'avouer, c'est ainsi que cela se termine dans la plupart des cas.

Eh oui, l'amour chez les araignées est loin d'être rose. Alors, si en plus on vous explique que certains mâles sont programmés pour mourir en plein accouplement en ceinturant la femelle, de façon à empêcher que des concurrents viennent tenter leur chance pendant que les œufs sont fécondés... vous risqueriez fort de ne plus du tout avoir de bonnes vibrations envers ces charmantes bestioles.

– 5 –

LE SIXIÈME SENS EN QUESTION !

L'homme a toujours été fasciné par les animaux qui l'entourent. Tour à tour ennemi, comparse, domestique, compagnon, le loup a donc été transformé par l'humain en chien en à peine dix mille ans ; une paille au regard de l'évolution naturelle d'une espèce qui officie toujours sur des millions d'années. L'*Homo sapiens*, l'homme moderne, a quant à lui évolué sur moins de cent mille ans. Issu d'un monde hostile qu'il a su pour beaucoup discipliner, il a gardé son attirance pour un règne animal dont il s'est difficilement extrait.

Dans le cadre de son évolution, il y a d'abord eu le temps du faire, puis du savoir-faire, ensuite le savoir et le faire savoir, qui eux se sont quelque peu mélangé les pinceaux. Légendes, superstitions, récits sur des créatures animales étranges et magiques ont vite peuplé l'imaginaire humain. En effet tout a été très (trop ?) vite pour ce conquérant du monde qui a affronté victorieusement tant d'épreuves, la lutte contre le froid, la faim, les maladies... et les bêtes sauvages qui, bien sûr, ne vivaient pas dans le même univers sensoriel que lui.

Le loup par exemple, qui a permis aux hommes préhistoriques de démarrer la domestication de son futur descendant le chien, a par ailleurs subsisté jusqu'à nos jours, dans la nature, sous sa forme ancestrale sauvage. Il est évidemment devenu mythique : qui donc a peur du grand méchant loup ? C'est bien nous.

Dans le folklore, le loup a toujours symbolisé la terreur, la destruction, le danger, la mort. Autrefois souvent atteint par la rage ou lui aussi par la famine, il était d'autant plus impressionnant. D'où ses effrayantes représentations : de grandes oreilles, les yeux rouges et hallucinés, le museau largement retroussé, de la bave aux lèvres...

Même à présent cette image lui colle encore à la peau : brebis, veaux, vaches, cochons, couvées, on l'accuse de tout dévorer. Et pourtant il y a un curieux paradoxe : pour retrouver puis attaquer ses victimes disséminées dans les montagnes, cette bête prétendument démoniaque n'a besoin d'aucun pouvoir secret. Sans doute que sa cruauté, liée à sa méchanceté, lui suffit ?

Avez-vous remarqué que le sixième sens animal est toujours un plus, un bonus, comme un rattrapage que la nature aurait donné à la bête pour pallier son manque d'intelligence ? Dans sa version négative, le loup est une émanation du démon. En conséquence il reste bête et méchant. Dans sa version positive, celle qui aujourd'hui prévaut (en particulier dans le monde citadin et écologique), on est donc obligé d'en rajouter et d'expliquer qu'il ne tue que les animaux faibles et malades. Il est devenu une sorte d'ange exterminateur.

Bien évidemment il n'est ni Dieu ni Diable, mais un simple prédateur qui a bien du mal à se faire une place dans un monde pour lui trop humanisé et qui va, à pas de loup, au plus simple : attaquer parfois le bétail domestique, beaucoup moins méfiant que les animaux sauvages, qu'il croque sans vergogne ni personne pour s'en émouvoir.

Les contes et légendes, nous les avons toujours aimés ; nos mamans nous en lisaient beaucoup quand nous étions petits. Seulement tout le monde grandit et ce n'est pas parce que l'on ne peut expliquer ou comprendre un phénomène qu'il est surnaturel.

Il reste bien sûr de nombreuses énigmes au sujet des animaux, mais les progrès de la science ont peu à peu mis à bas l'essentiel du folklore qui entourait la vie de nos amies les bêtes.

Nous avons déjà constaté que le monde du silence bruissait de milliers d'appels, que dans la savane la gent animale s'interpellait sans que nous entendions quoi que ce soit, que certains voyaient dans le noir simplement en émettant puis analysant des sons ou en touchant les obstacles avec leurs moustaches, tandis que chez d'autres il suffit de tirer la langue pour humer, et que d'autres encore peuvent sentir ou entendre à l'aide de simples antennes... Des sixièmes sens ? Absolument pas. Nos propres sens, utilisés dans des gammes, avec des organes et surtout des motivations différents des nôtres.

D'ailleurs nous-même avons plus de cinq sens : connaissez-vous la proprioception ? De simples récepteurs localisés dans les muscles, les tendons et les articulations, qui nous donnent continuellement la position de notre corps – que ce dernier soit en mouvement ou immobile. Grâce à ces récepteurs, nous connaissons la situation relative et le déplacement de chacun de nos membres, ainsi que l'effort exercé par un muscle sur une articulation.

À quoi ça sert ? À nous situer dans l'espace, et ce n'est pas une mince affaire. La preuve, en l'absence de la proprioception nous ne pourrions positionner nos bras et nos jambes que par la vue. Pas très commode ! Ne serait-ce que pour mettre un pied devant l'autre, il nous faudrait mobiliser entièrement notre sens visuel. Imaginez la pagaille dans les défilés militaires, pour synchroniser la marche...

La proprioception n'a été reconnue comme un sens à part entière qu'à la fin du XIXe siècle. Mais nous avons vu qu'il y avait chez nous d'autres curiosités sensorielles, comme la synesthésie – et en particulier le fait d'entendre en couleurs –, le daltonisme ou encore l'oreille absolue, facultés plus connues donc reconnues... De même, on ne discute plus l'effet placebo (qui peut être visualisé par une signature biochimique dans le cerveau) ou notre « écoute » de sons extérieurs, pendant notre sommeil, qui a été révélée grâce à un enregistrement de l'activité électrique de ce dernier.

Un autre exemple de phénomènes étranges : la sensation de quitter son corps, appelée OBE (*Out of Body Experience*) dans le monde anglo-saxon. Saviez-vous qu'une personne sur dix environ l'a déjà vécue ? Nul besoin d'invoquer le coma ou l'approche de la mort pour rencontrer ce trouble de la perception. Cette expérience est bien sûr accentuée en cas d'épilepsie ou de toxicomanie. En général, les personnes en question racontent avoir été aspirées dans un tunnel puis immergées dans un flot de lumière quasi extraterrestre.

Aucune explication entièrement satisfaisante du phénomène n'a pu être fournie jusqu'ici. Diverses zones du cerveau sont impliquées et beaucoup d'études sont encore en cours sur ce sujet. Ce sont probablement des réactions du cerveau à un manque transitoire d'oxygène qui provoque la libération d'endorphines (ces fameuses substances qui procuraient du bien-être à nos amis les singes en train de s'épouiller). De fait, on constate dans ce cas une hyperactivité électrique dans la zone du cerveau dévolue à la vision ; d'où une impression d'illumination... et par conséquent le sentiment de déboucher dans la clarté à la sortie d'un couloir très sombre. Une simple baisse soudaine de pression artérielle peut aussi entraîner un manque d'oxygène et cette curieuse sensation. Les recherches se poursuivent et peut-être la solution sera-t-elle trouvée un jour.

Oui mais voilà, il n'est ni exaltant ni romantique de penser que cette impression extraordinaire est due tout simplement à une difficulté d'oxygénation ! La mort, fatalité dont l'idée obsède l'homme, et ce qui se passerait après, est une explication bien plus attirante pour nous... Aussi ne retenons-nous que les récits de personnes ayant approché ce qui fascine, les frontières de la mort, et donc cet « au-delà » que nous ne pouvons connaître.

Visuelles ou auditives, les hallucinations chez l'homme sont fort diverses et leurs causes très variées. Irrationnelles, issues de l'imaginaire et de l'« impalpable », en somme de l'émotif, elles n'ont guère attiré les scientifiques et ont longtemps été rejetées dans le domaine de la folie ou de la drogue. Comme elles ne sont pas sujets d'études à part entière, peu de données fiables sont disponibles, même si quelques progrès apparaissent du fait de la progression des maladies mentales dans notre société.

L'observation de schizophrènes sous l'emprise d'hallucinations a par exemple démontré l'existence d'un support biologique à la maladie : il s'agit d'une activation anormale des régions du cerveau correspondant à la vision ou à l'audition (selon le type de projections)... On sait par ailleurs que certains neurotransmetteurs sont impliqués dans ce processus mental.

Il est classique de déclarer que l'homme est le seul être vivant à « être conscient d'être conscient ». De cette conscience cependant, il ne connaît ni la nature ni les frontières. Voilà pourquoi il affectionne tant les mystères du paranormal. Paradoxalement le cerveau est, pour l'homme, l'organe le plus méconnu, et c'est pourtant lui qui le commande. Cela se passe de commentaires.

Prenons un exemple simple : depuis toujours les hommes s'interrogent sur ce qu'est la couleur : d'où vient-elle ? Est-elle perçue de la même façon par tous, hommes et animaux ? Est-elle issue de la lumière ? En réponse, on trouve une multitude de spécialités : la physique avec ses longueurs d'onde, la chimie avec ses molécules, la physiologie avec ses rétines, l'éthologie (l'étude du comportement animal) avec ses stimuli...

Nous l'avons vu dans ce qui précède, on ne peut répondre qu'en partie et de façon fragmentée à toutes ces questions du fait des limites de nos sens et connaissances. Déjà, si on vous explique que la lumière provient d'ondes électromagnétiques, c'est quelque peu compliqué. Si ensuite on vous apprend que celles-ci sont classées, suivant leurs dimensions et leurs ondulations, dans un spectre qui va des plus longues (les ondes radio ou télé) aux plus courtes (les rayons X ou, pire, ceux crachés par la bombe atomique), tout en passant par les micro-ondes, il y a de quoi vous perturber. Surtout quand on ajoute que vous ne voyez que celles situées entre les infrarouges (les longues) et les ultraviolets (les courtes), c'est-à-dire une minuscule « fenêtre », celle de la lumière visible émise par le soleil.

Si vous demandez alors, histoire de mieux vous repérer dans cet imbroglio, combien il y a de couleurs, on vous rétorquera qu'il est impossible de répondre à cette question. Il y en aurait une infinité dans notre univers. Notre œil ne voit donc que dans le spectre de la lumière solaire mais nous pourrions distinguer près de cent cinquante teintes (et non pas cinq ou sept, comme l'avait suggéré le génial Newton lorsqu'il fit sa découverte des couleurs de l'arc-en-ciel qui se dissimulaient dans la lumière du soleil !)

Vous êtes un peu perdu ? C'est tout à fait normal. Et encore, nous n'avons évoqué que l'aspect physique du spectre solaire visible par l'œil humain ! Le reste sera pour une autre fois, avec en prime le dernier aperçu sur les ondes sonores, électriques, sismiques... Voilà pourquoi les périodiques scientifiques qui cherchent à nous apprendre tout cela sont toujours situés, pour ne pas dire dissimulés, au fond du kiosque à journaux (en général juste à côté de la littérature érotique placée là pour d'autres raisons) tandis que ceux évoquant le surnaturel et le paranormal s'affichent aux meilleures places : ces derniers sont tellement plus simples, compréhensibles et valorisants, au moins on n'a pas l'impression d'être trop bête !

Si vous cherchez à vous renseigner plus précisément sur les différentes sortes d'ondes électromagnétiques et leurs applications dans notre quotidien – sauf si vous travaillez dans ce domaine –, une inquiétude vous saisit très vite en apprenant que nous sommes traversés par des milliers d'ondes invisibles...

Tout de suite nous revient en mémoire la découverte des rayons X par les Curie. Et, pour ces derniers, les terribles conséquences du cancer entraîné par les manipulations de rayonnements dont ils ignoraient les possibles effets néfastes !

Même si l'on peut considérer que désormais, dans ce domaine, toutes les précautions sont prises, qu'en est-il des nouveautés telles que l'usage des téléphones portables et autres fours à micro-ondes ?

Bien sûr les scientifiques s'appliquent à vous rassurer, mais quand on songe que les pionniers de la radiologie ont eux-mêmes tardé à en découvrir les répercussions, on demeure inquiets... Et on se plonge avec délices dans les livres ésotériques indiquant comment se protéger des ondes nocives (souvent cachées dans des maisons maudites) et les différentes façons de les dévier !

Pourtant, paradoxalement, la science a progressé à pas de géant, souvent grâce au génie de ses découvreurs d'autrefois : les risques potentiels sont évalués par de nouvelles techniques, et dans les pays occidentaux les contrôles sont de plus en plus rigoureux.

*
* *

« L'ignorance est mère de tous les maux », dit-on. Désolé pour Rabelais, ce n'est pas vrai dans tous les domaines. Ainsi les animaux, déclarés bêtes puisque ignorants, ne cherchent pas à appréhender l'univers mais à y survivre. Et parfois leur manque naturel de connaissances techniques, écrites ou même orales a pu leur être très profitable. L'exemple tristement célèbre du tsunami, mot désormais passé dans le langage commun, en est un parfait exemple.

Rappelons-nous les faits : un tremblement de terre de très forte magnitude sur l'échelle de Richter a entraîné des ondes de séisme qui se propagent à plus de quinze mille kilomètres à l'heure dans les roches, un peu plus lentement dans le sable et la boue. Près des côtes qui vont être ravagées arrivent tout d'abord des premières ondes, appelées ondes P, souvent si faibles qu'on peut les enregistrer mais pas forcément les ressentir (tout au moins nous, les humains).

Puis viennent des ondes secondaires, S, moins rapides mais qui déforment les roches par un cisaillement complexe. Celles-ci sont souvent suivies par les ondes dites de surface, qui provoquent beaucoup de dégâts en écroulant des bâtiments déjà touchés par les ondes S.

Ce jaillissement d'ondes est concomitant avec un soulèvement du fond de la mer quand le séisme a lieu sous l'eau. Ce mouvement et l'émergence de l'onde sous-marine qui en résulte se répercutent jusqu'à la surface des eaux puis de la Terre. On assiste alors à un raz de marée appelé tsunami qui engendre des mouvements de lames de fond. Au départ, les vagues de ce tsunami se déplacent à la vitesse d'environ huit cents kilomètres à l'heure. À l'approche des côtes, elles sont freinées mais gagnent de la hauteur avant d'envahir les terres en s'étalant. Ces ondes sismiques et ces mouvements marins de forte amplitude sont bien sûr accompagnés d'ondes sonores, en général de basse fréquence, d'émissions de gaz et de vibrations telluriques.

En décembre 2004, un tel phénomène a provoqué plus de deux cent soixante-quinze mille décès humains. Mais, paradoxalement, on n'a retrouvé que peu d'animaux morts, même si les chiffres avancés sont discutables.

Évidemment, tout le monde a aussitôt évoqué un sixième sens animal qui aurait permis aux bêtes d'anticiper le tremblement de terre et de s'échapper bien avant.

Que faut-il en penser ? Personne à l'heure actuelle n'a de certitude, mais bien souvent ce genre de cataclysme permet à la science d'évoluer par l'étude de divers paramètres tant physiques qu'humains ou animaliers. À chaque catastrophe, l'interprétation des causes et des effets permet de franchir un palier nouveau dans la connaissance.

C'est le principe même de la science que d'évoluer sans cesse à petits pas en confrontant les nouvelles données aux anciennes.

Malgré tout, à la lumière de certains acquis dont nous avons parlé, on peut émettre l'hypothèse que les animaux se sont, de façon naturelle et non intentionnelle – par simple habitude de survie –, écoutés et observés les uns les autres, ce qui leur a fourni les moyens de se sauver avant même que l'homme ait noté quoi que ce soit.

D'abord ce sont les poissons qui ont senti les mouvements anormaux de l'eau grâce à leur toucher à distance. Alors ils ont probablement émis en infrasons des cris d'alerte et se sont éloignés vers la pleine mer pour ne pas être piégés sur la côte.

Les mammifères marins ont perçu en partie les infrasons émis par les poissons, puis observé leur désorientation et leurs mouvements de fuite grâce à leur système d'écholocation très performant... Avec leurs ultrasons, ils ont pris la mesure des perturbations de l'environnement. Pour beaucoup, ils ont aussi choisi de fuir vers la pleine mer, sauf quelques individus déboussolés retrouvés sur les plages ou au bord des cours d'eau terrestres qu'ils ont remontés, affolés.

Ce mouvement a sans doute été également discerné par les oiseaux marins, dont la vue est perçante et qui ont pu ressentir une modification du champ électromagnétique terrestre (nous y reviendrons dans le chapitre suivant). Ils se sont alors envolés en criant, alertant ainsi les oiseaux des forêts, lesquels, à leur tour, ont décrypté le danger et se sont mis à l'abri.

Ces derniers n'ont pas crié : bien au contraire, leur silence a été « assourdissant ».

D'autre part, il est probable que les insectes et les araignées, grâce à leurs mécanorécepteurs situés sur les pattes, soient sortis de leur trou pour fuir vers l'intérieur de l'île. De même les reptiles tels que serpents et tortues ont été avertis par les soubresauts du sol. Les rats, avec leurs pattes et surtout leurs vibrisses, ont très vite ressenti l'onde sismique. On a signalé que les flamants roses d'un sanctuaire indien avaient abandonné leurs nids contenant pourtant des œufs fécondés. Enfin des colonies de chauve-souris, quelque peu secouées dans leurs accroches et habitudes, sont sorties de leurs grottes en plein jour.

Beaucoup plus spectaculaire (donc très mis en avant dans les médias), les éléphants se sont énervés et, pour beaucoup, échappés bien avant l'arrivée de la vague. On sait qu'ils peuvent capter des infrasons non perçus par l'homme, mais il est probable qu'ils ont entendu tant l'appel des autres espèces que l'alerte provoquée par le roulement inhabituel des vagues. Peut-être même ont-ils averti leurs congénères par ce biais infrasonique.

De surcroît, ces pachydermes étant munis de coussinets élastiques sous les pattes et habitués à communiquer entre eux sur de très longues distances (plusieurs kilomètres) en piétinant le sol lors de leur déplacement, on peut penser que les premières ondes sismiques ne leur ont pas échappé. Enfin, leur trompe si mobile leur fournit la possibilité de flairer plus vite que les autres le danger encouru à travers les gaz transportés par le vent.

Partout en revanche des poules, des chèvres, des chiens ont été retrouvés, prouvant là à quel point la domesticité perturbe l'essence même de la vie... et les sens en particulier. Peu accoutumés à exercer leur palette sensorielle, surtout dans les pays asiatiques du fait de leur élevage intensif – ils sont souvent confinés dans de petits enclos –, ces animaux se sont laissé balayer comme les hommes par la catastrophe.

Il semblerait que les chats, plus indépendants – certains les prétendent indifférents –, dans tous les cas mieux à même de grimper aux arbres que les autres et donc mieux armés pour fuir le danger, ont plus facilement échappé à l'hécatombe qui a frappé le bétail et ses gardiens canins.

Et l'homme, dans tout cela ? Rares sont ceux qui ont pressenti le danger. Mis à part quelques personnes vivant d'un métier lié à la nature comme les pêcheurs, les hommes ont perdu jusqu'au sens de l'observation. Beaucoup travaillaient déjà, d'autres s'adonnaient à leurs loisirs favoris, plage, baignade et farniente... Tous ont été fauchés par cette vague mortelle dont les images nous hanteront à tout jamais. Il est peu probable, l'alerte n'ayant pas été donnée assez tôt, qu'on aurait pu les sauver. Malgré tout, il reste saisissant qu'à la vue de ce spectacle tout à fait extraordinaire, la majorité des touristes et même des « locaux » sont restés à le contempler sans réaliser le danger.

Habitué à une surenchère d'images, l'homme moderne ne s'étonne plus de rien. Il regarde de plus en plus la Terre comme un simple catalogue dont il feuillette les pages. Oubliant ses sens primordiaux comme l'odorat, l'ouïe ou le toucher, il ne voit plus que la représentation d'un spectacle figuratif et non plus naturaliste. La mer doit être toujours verte ou bleue, et bien sûr nourricière, les palmiers ondulent sous le vent, le soleil vous caresse la peau... et les oiseaux chantent à tue-tête. De toute façon, leurs mélodies seront couvertes par notre propre musique synthétique, et on distinguera à peine la couleur de leur plumage transformée par nos verres de soleil teintés.

Pire encore, on commence à s'adonner à la réalité virtuelle. En mettant un casque, on peut entrer dans un monde imaginaire et cesser de croire à la réalité, puisque l'on n'a plus aucune conscience de celle-ci. Ces jeux ultraperfectionnés permettent de vivre simultanément rêves et cauchemars en les dirigeant à l'aide de manettes. Un accès direct au fameux subconscient freudien qu'on a le pouvoir, croit-on, de maîtriser ou du moins d'orienter. Des discussions se sont élevées sur le risque que représentait pour le cerveau le fait de gérer des contradictions entre les informations qui parviennent du virtuel et celles fournies par le concret dans lequel vit le sujet. On a espéré que l'organisme serait capable de s'adapter à ces conflits. Cependant on avait déjà remarqué que les perceptions sont modifiées par la réalité virtuelle et demeurent biaisées quand on retombe dans le monde réel.

Malencontreusement, c'est grandeur nature ce qui s'est passé pour une grande majorité de voyageurs étrangers. Alors que quelques pêcheurs et paysans locaux ont pressenti l'anormalité de la vague et ont cherché à fuir, la grande majorité des touristes se sont contentés de filmer ou de photographier ce qui les menaçait, sans prêter attention à autre chose qu'à bien cadrer la scène.

L'homme dit moderne baigne dans une multitude de représentations purement symboliques et imagées du monde qui l'entoure et ne se méfie plus des soubresauts d'une planète qu'il croit avoir apprivoisée puisqu'il l'a envahie et transformée. Il ne possède aucun repère pour juger de l'aspect étrange d'un quelconque phénomène, non pas surnaturel mais extranaturel, dans la mesure où les représentations qu'on lui fournit sont toujours aseptisées et purement visuelles. La notion d'un danger concret et tangible ne peut être appréhendée qu'à travers tous les sens : bruits, odeurs, sensations extrêmes de vent et de pluies en cas de tornade, etc. Immergé dans un monde virtuel, l'homme d'aujourd'hui oublie de contempler la nature dans ce qu'elle a de beau, de sensuel... mais aussi de hasardeux et de périlleux. Il préfère se faire peur dans des spectacles de fantômes et d'extraterrestres ou des simulations de catastrophes sur grand écran.

On a pour habitude de dire que l'homme est désormais passé dans la quatrième dimension, celle de la réalité virtuelle, du faux-semblant. Peut-être ! En tout cas, il recherche de plus en plus un univers différent de celui qu'il perçoit au quotidien. Il en résulte que l'animal est paradoxalement plus armé et plus ancré dans le réel même si, nous le verrons dans le chapitre suivant, il appréhende (nous dirions voit !) un monde radicalement différent du nôtre.

De toute façon, ceux et celles que nous nommons bêtes ne nous accompagneront jamais dans cette échappée fantasmagorique, à long terme dangereuse. Ils n'en ont ni le loisir, ni le désir, ni les possibilités. Mais une chose est certaine : si les animaux résistent à cette pente fatale, ce n'est pas grâce à leur sixième sens mais à ce qui leur a permis, à l'état sauvage, de survivre dans une nature hostile : le simple bon sens !

– 6 –

DES SIXIÈMES SENS... ET AUTRES CONTRESENS ?

Ken le survivant, *Superman*, *Terminator*, *Predator*, *Exterminator*, *Spiderman*, *Les Survivants de l'infini*... Les films et la littérature de science-fiction concurrencent désormais le parapsychique. Tous les héros ont des pouvoirs surhumains, surnaturels, extrasensoriels. Leurs yeux lancent des flammes, ils font des bonds gigantesques et retombent à terre tels des chats, sans se blesser, entendent les vibrations telluriques en collant simplement leur oreille contre le sol ; leur force plus qu'impressionnante dépasse celle de Tarzan, King Kong et Hulk réunis... Tout doit être giga, supra, fantastique. Grâce à ces récits, souvent issus ou transposés de légendes sur les pouvoirs secrets des animaux insufflés dans des surhommes, nous nous sentons nous-mêmes de prodigieux héros. Quant au domaine de l'infra, nous nous en accommodons, mais cela reste surtout ancré dans le quotidien, à savoir notre matériel électroménager, tels les fours à micro-ondes et autres plaques à infrarouges. Rêves et réalité.

À ce compte, le monde animal ne peut avoir lui aussi que des super sens, des sens sensationnels et salvateurs ! Or cela est vrai, évidemment pas dans le but de peupler notre imaginaire ou de devenir de prodigieux héros à nos yeux, mais pour survivre en tant qu'individus et surtout pour perpétuer l'espèce.

Et pourtant, s'il est un être qui vit dans un monde de combats incessants, c'est bien l'animal. Il lutte parfois avec un congénère, mais beaucoup plus généralement pour s'adapter à un milieu qui peut lui être extrêmement hostile : manque de nourriture ou d'abri à cause de la sécheresse, neige, canicule, disparition de végétaux, glissements de terrain et autres cataclysmes... tous ces phénomènes dits naturels (même s'ils sont de plus en plus modifiés par l'homme) provoquent, chez l'animal, souffrances voire mort. C'est pourquoi les espèces animales ont évolué sur plusieurs millions d'années, et évoluent toujours. Leurs manières de faire ont été diverses et complexes, leurs stratégies nombreuses, leurs sens ont précédé ou suivi mais, dans tous les cas, ils se sont ajustés à tous les changements afin que perdure l'espèce.

L'homme lui-même n'est pas en reste ; lui aussi s'est transformé pendant son évolution. Les chercheurs ne peuvent émettre que des hypothèses en s'appuyant sur la découverte de fossiles qui permettent de comprendre ce que furent notre anatomie, notre locomotion, nos modes de vie ou d'alimentation... mais bien plus difficilement nos facultés sensorielles d'autrefois. Cependant l'homme reste la seule espèce sur terre qui, grâce à l'extraordinaire développement de son intelligence, peut explorer de façon rationnelle et scientifique les possibilités des espèces qui l'entourent.

C'est ainsi qu'il a pu découvrir que les animaux possèdent en effet nombre de capacités sensorielles que lui-même n'a pas, soit qu'il ne les ait jamais acquises, soit qu'il les ait perdues au cours de son évolution. De fait, même si à première vue il peut sembler avantageux d'être aussi sensible que possible, cela peut également nuire. Ainsi, un sens auditif trop développé interdirait toute communication sonore à cause du bruit de fond de l'environnement. À l'inverse, un manque de sensibilité tactile provoquerait tant de brûlures ou de gelures qu'il serait difficile d'y survivre.

Dès lors, ce ne sont définitivement pas des « sixièmes sens » ésotériques mais en quelque sorte d'*autres* sens qui permettent à l'animal d'être performant, avant tout pour manger et ne pas être mangé. Ce qui est fondamental quand on veut se reproduire et élever ses jeunes sans trop de risques, communiquer avec les membres de son espèce sans être repéré par un prédateur, appréhender son milieu afin de s'y mieux déplacer, économiser son énergie... Ces sens sont éminemment naturels : ils agissent comme des systèmes d'alarme, de telle façon que le cerveau de chaque espèce puisse répondre au mieux aux difficultés rencontrées dans le milieu.

Certains, tels les herbivores ou les carnivores, ne voient pas les mêmes couleurs que nous, d'autres comme la mouche discernent uniquement le mouvement, quelques-uns – le caméléon par exemple – ont des visions dissociées. Les poissons, comme les araignées, appréhendent le monde aquatique ou aérien par le toucher, votre chien sent votre trace huit jours après votre départ et vous repère bien avant de vous apercevoir, le chat entend des cris de souris que vous-même ne percevez pas, puisque leur gamme est trop élevée...

On dit souvent des animaux qu'ils sont « exotiques » ou « indomptables ». En fait, c'est leur manière d'appréhender le monde qui est quasi inaccessible pour l'homme. Une fois ce principe posé, nous pouvons cependant continuer, malgré les limites de nos sens et de notre cerveau, à essayer de comprendre ou plutôt d'imaginer comment ils perçoivent l'univers avec des sens inconnus de nous !

Tentons de passer de l'autre côté du miroir, dans l'énigmatique nature de l'animal.

Comment le serpent voit-il la souris courir la nuit ?

La vue n'est pas le sens prédominant chez les serpents. Et pourtant on peut ici affirmer, sans trop se tromper, que lui « voit » vraiment dans le noir. Examinons-le de plus près, malgré notre répulsion naturelle.

C'est un reptile, tout le monde le sait, une sale bête, beaucoup hélas le pensent, un animal à sang froid (ce dont, devant lui, manque la plupart d'entre nous) appelé scientifiquement poïkilotherme ou encore hétérotherme, c'est-à-dire que sa température varie en fonction de celle de l'extérieur. C'est aux premières heures des journées ensoleillées que les serpents sortent de leur terrier, où ils ont en général passé la nuit, afin de se réchauffer aux rayons bienfaisants de l'astre.

Mais attention, plus le soleil deviendra chaud, plus l'animal se mettra à l'ombre. Il est obligé de se partager entre ombre et lumière afin de réguler la température de son corps. Malgré une idée largement répandue, le serpent ne lézarde pas au soleil en pleine canicule. Il doit sans cesse faire la navette entre le chaud et le froid. Paresseuse, la couleuvre ?

Dans les plaines tropicales, où règne en permanence une chaleur étouffante, les serpents souvent installés sur les arbres ne prennent presque pas le soleil.

Pour les serpents des régions tempérées, l'année commence avec la fonte des neiges, au printemps. Dès le milieu de l'automne et en hiver ils hibernent, en général en compagnie de leurs congénères, ce qui explique l'existence de ces nids de serpents qui nous effraient tant lorsque vient le printemps.

Ceux des régions tropicales sortent plus volontiers au début de la saison des pluies.

Une des tâches principales du serpent, en particulier au sortir de l'hibernation, est de muer afin de grandir, et cela le plus vite possible. En effet, pendant cette période, le serpent est quasi aveugle ; il doit rapidement se débarrasser de la couche externe de son épiderme qui a recouvert son œil et, de ce fait, le rend vulnérable.

Les serpents qui possèdent une vue correcte sont en général diurnes et ont de grandes pupilles rondes. En fait, même eux ne sont pas vraiment capables de voir leurs proies si celles-ci restent immobiles. On accuse le serpent d'avoir un regard hypnotique, ou des yeux vitreux. La fixité du regard de ces pauvres animaux est due au fait qu'ils sont dépourvus de paupières (celles-ci étant remplacées par des membranes translucides). De plus les serpents ont peu de muscles faciaux, ce qui leur donne un aspect très figé. Voilà pourquoi ces pauvres animaux causent notre effroi.

De là à dire qu'ils nous ont chassés du paradis, il n'y a qu'un pas, que nous avons bien sûr franchi.

« Astucieux », beaucoup de serpents, tels les boas, les pythons et les crotales, ont pallié une mauvaise vision grâce à des organes sensoriels appelés fossettes thermosensibles qui leur permettent de « voir » la chaleur de leurs proies. Chez les boas, par exemple, ces fossettes sont situées entre les écailles qui bordent la mâchoire ; on les retrouve entre les narines et les yeux chez les crotales. Elles contiennent des thermorécepteurs directement reliés au cerveau qui vont analyser les messages thermiques reçus de chaque côté de la tête et détecter la moindre élévation de température. Les serpents ainsi équipés peuvent alors reconnaître une différence d'environ un deux-millième de degré Celsius. Incroyable mais vrai !

Ainsi, même dans le noir et dans une végétation dense, les serpents vont repérer le rayonnement infrarouge émis par une souris ou tout autre animal à sang chaud. Mais en plus, ils sont capables de « voir » la chaleur émise par d'autres reptiles comme les lézards, qu'ils aiment aussi consommer ; et ce même si la chaleur de leur corps n'est pas aussi élevée que celle d'un mammifère. La faim justifie les moyens.

Ce sont les crotales, les seigneurs des serpents, qui possèdent les fossettes les plus élaborées. Situées juste sous les yeux, elles fonctionnent en même temps et renseignent le serpent en chasse sur la direction et la distance de sa proie, laquelle a d'autant moins de chance d'échapper à son agresseur que, de manière générale, les serpents dotés de tels organes sensoriels sont capables de débusquer et de mordre avec une extrême précision une souris dans une totale obscurité.

Ce détecteur d'infrarouge très innervé et le cerveau correspondant du reptile lui permettent de se nourrir la nuit, au moment où les rongeurs nocturnes vaquent à leurs diverses occupations. C'est évidemment un sens qui échappe à notre entendement, comme beaucoup de particularités chez ces pauvres serpents honnis par le plus grand nombre.

Installé sur une branche, un caméléon devient rouge. S'est-il trompé de couleur ?

S'il est un animal qui nous fascine, c'est bien le caméléon : la plaisanterie qui consiste à se gausser de l'angoisse quasi métaphysique qui le saisit en présence d'un tissu écossais est d'autant plus ridicule qu'elle repose sur des bases complètement fausses. Au contraire de ce que l'on croit, le caméléon est incapable d'arborer les couleurs de l'environnement dans lequel il se trouve.

Tout d'abord il y a plusieurs espèces de caméléons, plus de cent vingt pour être plus précis ; et même s'ils forment un groupe homogène avec un crâne élevé et étroit, un corps aplati latéralement, des mains et des pieds transformés en pinces, des yeux mobiles et indépendants, et surtout une très très grande langue (presque aussi longue que le corps), tous ne vivent pas dans le même milieu, loin de là : des caméléons, on n'en trouve certes que dans l'Ancien Monde [1], mais ils vivent dans les forêts, les savanes et les jardins, voire au bord des côtes.

En fait, les caméléons sont ce que l'on appelle couramment des animaux mimétiques : les espèces forestières sont plus vertes, celles de savanes plus grises, etc. En ce sens leur mimétisme est classique,

1. En zoologie, on appelle « Ancien Monde » l'ensemble formé par l'Afrique et l'Asie, tandis que le « Nouveau Monde » désigne les Amériques.

ils arborent les mêmes teintes que le milieu où ils habitent et, comme beaucoup d'autres lézards, modifient leurs coloris pour se fondre dans le paysage. Les bandes, les zébrures, les épines, parfois les cornes pour certaines espèces, facilitent ce camouflage. De plus le caméléon oscille continuellement sur une branche, ce qui le dissimule encore mieux aux yeux de ses prédateurs qui sont d'ailleurs peu nombreux et qui pour beaucoup ne distinguent pas les couleurs (certains serpents arboricoles et autres petits carnivores).

Alors d'où vient la légende de leurs changements de couleur à vue ? Cette idée préconçue est si répandue qu'on a même créé un adjectif pour qualifier une personne qui change d'opinion et de conduite au gré de ses intérêts : on dit qu'elle est caméléonesque ! Pauvre caméléon, il n'en demandait pas tant.

En fait, c'est tout simplement que le caméléon est un grand émotif... Il change surtout de couleur en fonction de son humeur et du temps qu'il fait. Ce qui revient à dire que ses différents coloris sont fonction de facteurs externes (température ou luminosité) et internes (état émotionnel, santé, hormones).

Ainsi, si vous observez un caméléon vert dans des feuillages de la même couleur, ce n'est pas parce qu'il cherche à se camoufler (bien que cela puisse lui servir) mais parce qu'il est calme et au repos.

Si vous vous approchez, et donc le fâchez, il va passer par toutes les couleurs : tout d'abord effrayé, il fera apparaître sur son corps des bandes brunes et jaunes trahissant sa peur. Il pourra ensuite se mettre en colère et peu à peu pâlir ; si vous ne vous éloignez pas ou que vous faites du bruit, il se sentira menacé, s'agacera, rougira. Il se gonflera peut-être même devant tant d'outrecuidance. La fable de la grenouille et du bœuf revisitée...

Les caméléons étant des animaux solitaires, en dehors de la période de reproduction ils ne tolèrent aucun congénère sur leur territoire. Alors vous pensez, un humain ! Si un intrus s'avance de trop près, ce malheureux lézard affiche en l'espace d'une seconde une nouvelle couleur. La succession de coloris auparavant décrite est en revanche très lente et, s'il ne trouve aucune solution, le caméléon – cet hypersensible – peut même s'affaiblir et mourir.

Cadenassé en lui-même, et sur sa branche, il est pour ainsi dire impossible au caméléon de reculer : ses pieds et mains sont en forme de pinces préhensiles, grâce à des doigts soudés par deux et par trois. Cette particularité lui permet d'enserrer les tiges, lui assurant ainsi une bonne sécurité afin de ne pas tomber. Pour parachever le tout, notre caméléon utilise sa queue également préhensile en l'entourant autour du support afin d'assurer sa prise. Ce système très élaboré a ses limites : en cas d'agression le caméléon doit rester figé, immobile, ou bien attaquer l'ennemi si celui-ci n'est pas trop gros.

Une exception bien sûr, la période où notre sympathique lézard s'amourache. Lors de la saison des amours, le mâle affiche des couleurs vives comme le jaune, le blanc ou le bleu, qui peuvent alors trancher avec le support sur lequel il se trouve. On le sait bien, l'amour vous fait perdre toute contenance. La femelle aussi affichera différentes teintes pour indiquer au mâle qu'elle est réceptive. Aussitôt dit, aussitôt fait. L'accouplement terminé, Madame reprendra ses esprits et ses couleurs naturelles... Et ce jusqu'à la ponte, pour indiquer aux autres mâles qu'ils arrivent trop tard. Pratique, comme méthode pour confirmer un début de gestation !

Une dernière précision : comme tous les autres reptiles, les caméléons ont une température interne qui varie selon la température du milieu. Pour se réchauffer, ils vont s'exposer au soleil et adopter une coloration sombre leur permettant d'absorber plus efficacement les rayonnements du soleil. En revanche, lorsqu'ils cherchent à se refroidir, ils vont trouver de l'ombre et adopter une coloration plus claire. Il suffisait d'y penser !

Ce jeu de couleurs « caméléonesques » est dû à la dilatation de cellules pigmentées (les chromatophores) situées dans les couches profondes de la peau. Les caméléons possèdent différents types de pigments : noirs, ce sont les mélanophores, rouges les érytrophores, jaunes les xantophores. Les cellules de la peau contenant ces pigments sont sous contrôle nerveux et hormonal.

Quand les cellules sont relâchées, la peau fonce, par suite de la diffusion des pigments de mélanine. Quand les cellules sont dilatées, la peau s'éclaircit. Nul besoin pour lui de pommade éclaircissante, dame Nature s'occupe de tout. Chaque espèce possède sa propre combinaison de pigments et les transformations s'établissent selon un registre prédéterminé.

Pourquoi le ver luisant brille-t-il dans la nuit ?

Pourquoi mettez-vous, Mesdames, des bijoux précieux et souvent brillants ? Bien sûr, pour vous faire plaisir, être plus jolies et... avouez-le, séduire votre entourage, en particulier votre bien-aimé. Vous comparer à un ver luisant, que nenni ! Quoique...

Si le paon fait la roue, faisant frémir et scintiller les ocelles de ses plumes, est-ce uniquement pour parader devant vos yeux éberlués ? Et sa femelle, la paonne au terne plumage, la croyez-vous donc indifférente aux éclats de lumière de ses prétendants ? Non seulement elle apprécie, mais elle choisit. Plus coloré sera le plumage, plus grandes les plumes, plus fournie la roue... et plus notre mâle aura de chances d'être préféré pour sa bonne santé apparente. Dans le monde des oiseaux, on ne prête qu'aux riches et aux étincelants. Cela ne vous rappelle pas quelque chose ?

Alors pourquoi cela serait-il différent chez les lucioles, plus connues sous le nom de vers luisants (qui ne leur convient guère, puisque ce sont des insectes coléoptères) ? En tout cas, pour eux, pas de légende de ver de terre amoureux d'une étoile.

Étoile, chacun peut l'être ou presque, cela dépend des espèces. Leurs éclats et autres ébats amoureux sont d'ailleurs à l'origine de nombreuses superstitions et contes de fées.

Ce que l'on appelle les « lanternes » des lucioles sont constituées de trois parties : un organe générateur de lumière, une couche interne de cellules blanchâtres et opaques servant de réflecteurs, et enfin une fenêtre transparente dans la peau. Simple et efficace. La couleur de la lumière varie selon les espèces : elle est souvent jaune mais peut se teinter d'orange, de bleu, voire de vert. Ce sont les nerfs associés aux lanternes qui font varier la luminosité et parfois la couleur.

En Europe, chez les lampyridés, la famille des vers luisants, ce sont les femelles qui vont s'illuminer pour provoquer la rencontre nuptiale. Dans l'espèce la plus répandue, la *noctiluca*, la femelle ressemble à une grosse larve. Mais dès le crépuscule elle recourbe son abdomen au-dessus de sa tête et fait briller sa lanterne. Un véritable conte de fées, on vous l'avait dit, un genre de Cendrillon à peine amélioré. Un exploit d'autant plus remarquable qu'elle brille sans discontinuer, jusqu'à ce qu'un mâle la remarque en volant au-dessus d'elle. Extasié bien sûr par tant de magnificence, il s'empressera de lui prouver son amour. Un prince charmant ailé, en quelque sorte !

Il existe bien des variantes à ce système : en Amérique du Sud, mâles et femelles brillent tous deux, mais Madame n'allume que lorsque Monsieur luit au-dessus d'elle. Le système est encore plus perfectionné que l'on pourrait croire, parce que Monsieur clignote par intermittence. Coquetterie, ou économie d'énergie ? Non, simple système de reconnaissance. Ce qui compte pour l'ingénue c'est le nombre, la fréquence, la durée, parfois même la couleur et l'intensité de la lumière. Comme cela on ne risque pas de se tromper car, voyez-vous, il vaut mieux choisir un mâle de son espèce. Non, ce n'est pas du racisme ni même de « l'espécisme », il s'agit d'une simple prudence.

C'est qu'il est des femelles carnivores, que l'on peut même qualifier de cannibales, puisque ces malignes imitent les prémices lumineuses d'une espèce afin d'attirer des mâles naturellement enflammés par leurs éclats... Les scientifiques appellent ce phénomène le mimétisme agressif. Après tout, les séducteurs n'ont qu'à rester sur leurs gardes. Ce qu'ils font d'ailleurs.

Des études plus poussées ont prouvé que c'est seulement après l'accouplement que la femelle s'adonne à ses mauvais penchants. Vierge, elle reste pure et ne songe qu'à convoler. Mais soyons honnêtes, cela ne dure que quelques minutes, juste avant qu'elle ne se décide à prendre un prétendant. Après elle fait quelque peu concurrence à la mante religieuse ; croquer son compagnon, de la cruauté ? Non, un simple besoin de protéines.

Aussi certains mâles quelque peu extravagants, pour s'accoupler plusieurs fois avec une femelle, imitent les signaux d'une proie éventuelle et, après l'atterrissage, passent au code de leur propre espèce. Beaucoup d'entre eux ont péri de ce stratagème, mais on ne peut pas gagner à tous les coups...

En Asie, on le sait, on est discipliné et on aime particulièrement la gymnastique rythmique. Aussi là-bas, pour beaucoup d'espèces de vers luisants, les parades sont synchrones. On s'allume en même temps, décorant ainsi d'un seul coup un arbre (même si ce n'est pas Noël), et on s'éteint tous ensemble. Une vraie féerie lumineuse offerte par les mâles scintillant à intervalles de quelques millièmes de secondes. Ce véritable festival est une fois de plus destiné aux femelles vierges qui peuvent facilement repérer ce regroupement flamboyant. À chacune, ensuite, de choisir le bon mâle au milieu de cette multitude. Pour la morale, sachez qu'au moment fatidique le couple s'isole et éteint ses lumières !

Les lucioles ne sont pas les seuls animaux à produire de la lumière. La plus intense qui soit produite par un être vivant est visible à trente mètres de distance. Cela se passe dans l'obscurité des profondeurs océaniques : l'émetteur est le poisson-torche vivant dans les crevasses obscures des récifs coralliens de l'océan Indien.

Son intérêt est tout autre que celui des vers luisants ; s'il génère de la lumière (par des organes situés sous les yeux, à l'aide de milliards de bactéries luminescentes qui vivent dans des compartiments situés à cet endroit), c'est avant tout pour se nourrir.

Cela lui permet de monter à la surface, en grands bancs, la nuit, sans rencontrer les prédateurs qui sillonnent les eaux du dessus. Si cependant le poisson est repéré, il peut rapidement cligner de la paupière ou abaisser sur sa « torche » un écran de tissu pigmenté noir. Du grand art!

Plus modestes, les calmars et les seiches, comme certains poissons abyssaux, certains vers marins et autres algues marines, peuvent produire des éclairs quand ils se sentent attaqués. Une brillante façon de réagir, en somme. Enfin certaines femelles de baudroies abyssales font briller un leurre pour attirer un mâle, mais aussi une proie. Une fois encore, quand on est un bourreau des cœurs mieux vaut être costaud.

Comment un poisson torpille dissimulé dans le sable peut-il assommer d'autres poissons?

Il nous semblerait impossible désormais de nous passer de la « fée électricité ». Ne pas avoir de lumière signifierait pour nous retourner aux périodes antédiluviennes, donc revenir pratiquement à l'état poisson, comme il y a plus de quatre cents millions d'années.

Tant qu'à faire un tel bond en arrière, autant espérer être un poisson torpille. Pourquoi? Parce que cet animal, qui fait partie de la famille des raies (que l'on trouve le long du littoral, de la mer du Nord jusqu'en Afrique du Sud), est aussi appelé raie électrique. Il vit sur des fonds sableux ou vaseux et se confond avec eux grâce à une coloration naturelle brun marbré. On aurait pu aussi l'appeler caméléon des mers : une fois immobile, il est difficile de discerner les contours de son corps ovale. Seuls ses petits yeux qui dépassent du sable peuvent le faire repérer. En somme, un parfait chasseur à l'affût. Ainsi camouflée, la torpille patiente jusqu'à ce que l'une de ses proies favorites, petit poisson ou crustacé, s'avance à proximité. Aussitôt la torpille libère une décharge électrique qui va littéralement assommer sa cible.

Cette étrange particularité avait été découverte il y a déjà bien longtemps, puisque Romains et Grecs se servaient des décharges de ce poisson pour soigner leurs vieilles douleurs... Des précurseurs de l'électrothérapie !

Si nous avons inventé l'électricité, ce dont nous sommes à juste titre très fiers, certains prédateurs l'utilisent sans le savoir au fond des mers, des lacs ou des rivières. En effet, l'eau transmet parfaitement le courant électrique et l'eau de mer est encore meilleure conductrice d'électricité que l'eau douce.

Or la torpille possède de véritables piles électriques au niveau de ses nageoires pectorales. Les organes responsables de ces décharges sont des muscles modifiés que l'on appelle électroplaques. Ces véritables plaques électriques en forme de disques ne libèrent pas plus de 0,1 volt chacune, mais comme elles sont reliées entre elles et que plusieurs colonnes de plaques peuvent l'être aussi, la charge globale est considérablement augmentée (à l'image de plusieurs piles branchées en série). Au final notre cher poisson est capable de libérer deux cents volts s'il s'agit d'un individu de grande taille. De quoi être étourdi, voire raide mort. Et une fois les proies assommées, il suffit de les consommer.

La prochaine fois que l'on vous dira de quelqu'un d'un peu nerveux que c'est une vraie pile électrique, méfiez-vous. Surtout en bord de mer ! Pas de panique cependant, les océans ne regorgent pas de *« serial killers »* électriques. D'autant que les poissons marins n'ont pas besoin de générer beaucoup de courant, du fait de la bonne conductivité de leur milieu. En revanche il existe de véritables terreurs en eau douce, par exemple l'anguille électrique de l'Amazone : elle détient le record de puissance, libérant des décharges de cinq cent cinquante volts grâce à trois organes électrogènes situés dans sa queue. Un simple petit détail : sur les trois, un seul est utilisé à des fins meurtrières, les deux autres servant à la détection des proies et à la navigation...

En effet, si notre torpille ne se sert de l'électricité que pour choquer tout ce qui bouge, d'autres poissons l'utilisent pour appréhender leur environnement, comme le sonar des chauves-souris et des dauphins. Ainsi les poissons éléphants interprètent-ils les modifications du champ électrique qui leur revient grâce à des récepteurs présents sur tout leur corps. Grâce à quoi ils ont une image « électrique » de tout ce qui les entoure et peuvent repérer les proies ou les prédateurs et éviter les obstacles. Pratique, pour qui vit en eaux troubles !

Certains enfin ont un tel degré de précision qu'ils peuvent faire la différence entre plusieurs espèces et même discerner le sexe d'un congénère. Il leur suffit pour cela d'analyser le retour de leur propre impulsion électrique et la réception du courant émis par les autres individus, qui sont caractéristiques de chaque animal.

Un monde électrique marin fascinant, zébré d'éclairs et de lumière ? Pas tout à fait : la lumière sous-marine émise par certains poissons n'est pas due à un phénomène électrique mais à un phénomène chimique qui se produit au niveau des tissus et des cellules grâce au métabolisme d'une protéine appelée... cela ne s'invente pas : la luciférine. Au royaume de l'enfer, le diable est roi.

Et le requin dans tout ça ? Pourtant proche cousin de la raie, il est incapable d'émettre de l'électricité mais peut seulement la percevoir... À quoi cela sert-il d'être sensible aux champs électriques ? Pour repérer leurs proies, les requins mettent à profit divers systèmes sensoriels. Quelques-uns, rares, ont une excellente acuité visuelle. Par ailleurs, chez certaines espèces, la bouche est bordée de barbillons leur permettant de flairer le fond de la mer. Mais tous utilisent en priorité l'odorat. On a mesuré que les requins pouvaient détecter l'équivalent d'une goutte de sang dans cent quinze litres d'eau. Ensuite ils vont se diriger, en bons poissons qu'ils sont, avec leurs lignes latérales, sens proche du toucher que nous avons précédemment évoqué.

Cela dit, « sixième sens » particulier, le requin possède sur la tête et le nez des petites cavités assimilables aux pores de notre peau, reliés à un organe appelé ampoule de Lorenzini, véritable récepteur sensoriel qui fait le lien entre la peau et le cerveau. Ces ampoules contiennent une sorte de gel qui va transformer la moindre modification de pression ou de température en signal électrique, et ainsi informer le requin sur son environnement. Par exemple, le requin blanc est sensible à des voltages faibles jusqu'à cent vingt-cinq microvolts (cent vingt-cinq millioniėmes de volt), loin du record d'un autre requin, l'émissole douce, qui peut détecter un courant de cinq nanovolts (cinq milliardièmes de volt !), soit infiniment moins que la charge électrique qui circule dans le système nerveux animal. De plus, grâce à ces ampoules de Lorenzini, le requin peut percevoir les champs magnétiques terrestres.

Pourquoi l'abeille danse-t-elle dans sa ruche ?

L'abeille est le type même de l'insecte social : elle vit en grande colonie et construit les rayons de sa maison communautaire, la ruche. Les abeilles sont des travailleuses obstinées, forcenées, productrices de cire, de miel et de gelée royale, ces produits naturels qui font nos délices.

Tous, de la reine – qui pond plus de mille œufs par jour – aux soixante à cent mille ouvrières stériles par devoir et obligations, en passant par les quelques mâles ou faux bourdons qui sont quelques centaines et dont la seule fonction est de féconder les nouvelles reines, tous donc ne pensent qu'à une chose : travail, famille, ruche. Alors danser, vous pensez ! Mieux vaut laisser cela à leurs cousines, celles qui ont déjà une taille de guêpe, elles peuvent au moins s'enlacer !

Eh bien vous vous trompez lourdement, l'abeille danse sur son rayon de miel : cela a même été décrit il y a fort longtemps, par von Frisch, et cela s'appelle la danse du soleil.

Ce n'est donc pas un phénomène de mode mais un rituel bien institué. De toute façon, si l'abeille danse, ce n'est pas pour elle mais pour les autres, pour leur montrer la voie du festin. L'abeille indique ainsi la distance séparant la ruche de la prairie où se trouvent les fleurs à butiner, précisant en plus la qualité du pollen ou du nectar, voire sa concentration en sucre. Lorsqu'elle revient dans la ruche et que le butin en vaut la peine, elle va aussitôt se placer sur un rayon vertical où plusieurs de ses camarades vont se regrouper et faire cercle autour d'elle. La fête peut alors commencer !

Dans un premier temps, grâce à leur odorat et aux pollens transportés par notre exploratrice, les ouvrières vont se renseigner sur la nature des fleurs.

La deuxième information – la distance de la source de nourriture – est ensuite communiquée grâce à une danse circulaire décodée par les « spectatrices » qui touchent la danseuse avec leurs antennes.

Si la nourriture est proche, dans un rayon de quatre-vingts mètres environ, l'abeille effectue une danse circulaire dans un sens, puis dans un autre. C'est la durée de sa prestation ainsi que l'énergie dispensée par l'insecte pour la réaliser qui va avertir les ouvrières de la qualité du pollen. En gros, plus la danse est longue et plus l'abeille s'agite, plus le pollen est riche.

Toujours plus fort : si la source est située au-delà de quatre-vingts mètres de distance de la ruche, notre butineuse va compliquer son spectacle en dansant de façon plus élaborée. Ses déplacements prendront alors la forme de deux croissants reliés entre eux par une ligne droite. La rapidité et le nombre des mouvements vibratoires de la danse en huit sont essentiels. L'abeille fait alors vibrer son abdomen d'un côté et de l'autre tout en se mettant à bourdonner. Plus les frétillements sont rapides et les bourdonnements puissants, plus la source est proche. Maya l'abeille entre littéralement en transe. À l'inverse, si la provende est éloignée, notre ouvrière va onduler lentement et de façon marquée. Une abeille peut ainsi préciser une source de nourriture jusqu'à plus de dix kilomètres. Et là, chose incroyable, elle peut même ajuster la distance grâce à des facteurs d'altitude ou de vent qui lui auraient allongé son temps ou son parcours de vol !

Parallèlement, l'alignement de ces deux danses montre aux autres ouvrières la direction à suivre par rapport au soleil. Lors de la danse, si la portion en ligne droite est dans l'axe du soleil, ces dernières sauront que la source de nourriture est aussi dans cet axe. Si la portion rectiligne forme un angle de trente degrés par rapport au soleil, le festin se situera dans une direction de trente degrés de l'axe du soleil lui aussi, et ainsi de suite. L'abeille utilise donc l'astre solaire comme une boussole ! Le plus extraordinaire, chez ces étonnants insectes, reste leur capacité à intégrer les modifications de la position du soleil lorsqu'ils vont « relater » l'histoire au reste de la communauté. En effet, si l'abeille a mis une heure à revenir de l'endroit où elle a trouvé les fleurs jusqu'à la ruche, elle sera capable d'ajouter dans sa danse les quelques degrés dont le soleil aura bougé, et transmettra ainsi les coordonnées exactes du lieu choisi. Elle va, en somme, réajuster sa danse en fonction du temps qui passe. Si le soleil est couvert par des nuages, nous avons déjà dit que les abeilles sont capables de voir la polarisation de la lumière et donc que, pour elles, ce n'est guère un problème.

Le problème est plutôt pour nous, les humains, qui nous considérons comme tellement intelligents. Les abeilles appréhendent le monde à travers des perceptions particulières, mais ce qui nous semble extravagant, inconcevable même, c'est que ces petits insectes au minuscule cerveau soient capables de le décrire à leurs congénères. Sans erreur et en dansant ! Au point que si quelque vicieux s'avise d'alcooliser l'une d'elles, celle-ci va se mettre bien sûr, comme une bimbo de boîte de nuit, à se trémousser différemment, et les autres vont se tromper de chemin...

Qu'en est-il des migrations ?

Nous avons déjà vu les prodigieuses capacités déployées par les animaux pour explorer, s'adapter et se nourrir dans un milieu naturel particulier dont l'équilibre est toujours précaire voire instable. Certains ont choisi une solution radicalement opposée : voyager à l'autre bout du monde, entreprendre un périple épuisant, lutter contre des éléments défavorables pour effectuer d'invraisemblables pérégrinations terrestres, aériennes ou aquatiques, ce qui les oblige à traverser du nord au sud, deux fois par an, des continents entiers.

Les migrations ont toujours fait rêver les hommes, surtout les citadins épris d'espaces qui voient dans ces déplacements aventure et mystère. Ainsi, on a longtemps cru que les oiseaux allaient dans la Lune, que les baleines chantaient pour accompagner les départs vers une autre destinée, qu'à l'inverse certains animaux effrayés s'enfouissaient dans la vase au fond des étangs pendant les hivers rigoureux. Toujours la même chose : un zeste de vérité saupoudré de beaucoup de fantaisie.

Depuis des siècles l'homme essaye d'appréhender le phénomène récurrent des migrations et leur degré de périodicité. Il est compréhensible que nombre d'animaux, surtout des oiseaux, s'expatrient vers des contrées plus ensoleillées lorsque viennent les frimas, afin de mieux se nourrir. Mais pourquoi vont-ils se reproduire dans leur pays d'origine au lieu de se sédentariser dans des pays plus accueillants ? Le spleen de la terre natale, version romantique du retour aux sources et de la recherche de ses racines ?

Il est à vrai dire peu probable que ces idées anthropomorphiques aient traversé des cervelles d'oiseaux. De façon pragmatique, ils sont contraints de remonter dans des lieux plus hostiles pour perpétuer l'espèce, puisqu'ils sont repoussés par des congénères déjà installés sur les meilleures terres. Voilà pourquoi ils entreprennent d'invraisemblables périples au péril de leur vie, des voyages aussi longs que souvent meurtriers.

Mais une autre question s'ensuit ; comment ces animaux font-ils pour retrouver leur terre natale en parcourant de telles distances ? Certains sont connus pour avoir battu d'inimaginables records. Franchir – même à tire-d'aile – des milliers de kilomètres au-dessus de la mer, des continents, des fleuves, des plaines et des montagnes, en affrontant les intempéries, les nuages, la pluie, la neige, la nuit, la sécheresse du désert, le froid des glaciers, parfois sans aucune escale et tout juste revêtu, en tant que combinaison de survie, de son petit duvet naturel, c'est quand même quelque chose. Chapeau, les oiseaux !

Ainsi la sterne arctique a été sacrée, par les amateurs d'exploits, championne toutes catégories des migrations, puisqu'elle effectue chaque année, à vol d'oiseau, un voyage de trente à quarante mille kilomètres autour de la Terre, soit près d'un million de kilomètres durant sa vie – courte pour nous mais longue chez la gent aviaire – d'environ vingt-cinq ans. Enfoncés, les aventuriers et autres marathoniens de l'extrême...

Cependant nous nous intéressons toujours beaucoup trop aux stars et aux chiffres. Car sans enlever quoi que ce soit à leur mérite, il y a parfois des choses plus étonnantes dans le quotidien aviaire.

Comment un coucou qui n'a pas connu ses parents naturels peut-il retrouver tout seul le chemin de l'Afrique ?

« Dans la forêt lointaine, on entend le coucou... » Tous nous avons fredonné cette chanson, et qu'on le pense annonciateur de fortune ou de pluie, tout le monde connaît le chant de cet oiseau. Mais rares sont ceux qui l'ont déjà aperçu.

Il est une habitude proverbiale chez ce volatile et qui, d'ailleurs, a donné lieu à un qualificatif péjoratif de la langue française : le coucou est un parasite ! Fait aggravant, par malheur pour lui, le jeu de mots sur coucou et cocu n'a fait qu'ajouter à sa très mauvaise réputation et l'a rendu définitivement impopulaire.

C'est donc dès sa naissance que le petit coucou, pauvre oisillon, doit supporter sa mauvaise réputation ! C'est pourtant un orphelin. Il a été mis en nourrice avant même son éclosion et ne connaîtra jamais ses parents puisque Madame coucou ne semble guère s'encombrer des soucis de la maternité...

Légère et insouciante, elle ne construit aucun nid, ni ne couve. Elle se contente de synchroniser sa période de ponte avec une autre espèce : il lui faut quand même repérer le nid que les heureux futurs parents sont en train d'installer pour leur couvée afin de venir y déposer un seul œuf, qu'elle pondra précisément et directement dans le nid grâce à son cloaque, organe naturel servant entre autres à l'expulsion des œufs chez les oiseaux, mais qu'elle a particulièrement extensible. Rusée, Madame coucou va attendre que l'involontaire nounou quitte son nid pour commettre son forfait en moins d'une minute. Son œuf sera à peu près de la même taille et couleur que ceux de l'espèce parasite, juste ce qu'il faut pour passer inaperçu et faire adopter son rejeton par cette nouvelle famille.

Dans le genre « sans-gêne », le petit n'est pas en reste. Le coucou n'est pas partageur, c'est là son moindre défaut. « Étudié pour », l'œuf va éclore juste avant les autres et le nouveau-né va rapidement faire le ménage. En effet, à peine quelques heures après sa sortie de la coquille, tout frais éclos, aveugle et dépourvu du moindre duvet, le bébé coucou, bien campé sur ses pattes courtes et puissantes, s'adosse à un œuf, le cale sur la partie concave de son dos pour l'empêcher de rouler et... le pousse hors du nid. Moins de quatre heures plus tard tout est consommé : il a expulsé tous ses ovoïdes compagnons de chambrée (ou plutôt de couvée) et devient l'unique occupant du petit nid douillet. Il n'a désormais plus qu'à attendre patiemment le retour de ses parents adoptifs pour être réchauffé et surtout nourri. Un petit détail : si, d'aventure, deux mères coucou pondent simultanément dans le même nid, on observe alors un combat de (mini) titans, une rivalité entre deux poussin-sumos à peine éclos qui vont essayer mutuellement de s'éjecter.

Question cruciale : pourquoi tant de vilenie chez un si petit oiseau ? Qu'est-ce qui le pousse donc à rejeter tout ce qui est à portée de bec ? On vous l'a déjà dit ; « il est étudié pour », donc la réponse est simple : un programme génétique. Pendant les quatre premiers jours de sa vie, la peau de son dos est hypersensible, et le simple fait de le toucher déclenche ce réflexe qui vous semble si cruel !

Aussi faut-il pardonner à notre petit imposteur quand il réclame, avec force cris, chenilles et autres insectes à des parents adoptifs souvent débordés par la taille et le gigantisme de leur invraisemblable bébé, si mignon (tout le monde, hommes et animaux, a le goût du nourrisson dodu, signe de bonne santé) mais si glouton ! Les heureux faux géniteurs vont pendant plus de trois semaines s'échiner à remplir ce « grand gosier » qui va se développer très vite. Le jeune coucou peut faire trois fois la taille de ses parents nourriciers. À leur approche il ouvre un large bec mais fait très attention, quand on laisse tomber la proie, à ne pas blesser celui qui le nourrit ! Signalons, pour la petite histoire, qu'il peut à lui seul avaler la ration d'insectes initialement prévue pour la couvée de cinq à six œufs. Au bout du compte, c'est en général la taille du nid qui restreint le méga-poupon, obligé de quitter ce dernier pour cause de crise du logement.

C'est donc là le schéma de développement du coucou dans la version idéale... Mais attention, il y a en fait cent trente espèces de cuculidés – la famille des coucous – et seul un tiers est parasite ! Qui plus est, si l'on veut verser dans la délation, on a déjà vu des hirondelles, des étourneaux et des canards pratiquer ce système de parasitisme. Enfin certaines espèces de coucous emploient un système mixte. Quand le milieu s'y prête, qu'il y a réellement abondance de nourritures pour tous, certains cuculidés pondent dans le nid des voisins. On ne prête qu'aux riches ! Pour conclure sur ce sujet, signalons dans la rubrique des faits divers que certaines femelles se nourrissent de l'œuf du coucou parasite quand elles le repèrent dans leur nid. L'arroseur arrosé ! Même si elles en sont parfois sévèrement punies par l'oiseau parasite qui détruira le nid. Tous ces détails quelque peu croustillants nous montrent à quel point, très souvent, on joue *Règlements de comptes à OK-Corral* dans la nature.

Il peut sembler étrange que les parents continuent à sustenter un oiseau qui piaille dans un langage différent du leur. En effet, bien qu'il n'ait jamais entendu ses parents chanter, le coucou est capable de ressortir un répertoire bien caractéristique de son espèce. Génétique, quand tu nous tiens ! Nous l'avons vu, pourtant, la plupart des oiseaux doivent passer par l'apprentissage du chant de leurs parents pour vocaliser dans le langage de l'espèce.

Tout semble donc inné chez le coucou, et la suite de sa vie nous le confirme. Après avoir quitté le nid, il va s'envoler pour une longue migration en solitaire vers le Sud, où il retrouvera les siens sur une aire d'hivernage bien déterminée. Ce premier voyage semble lui aussi invraisemblable, puisque ses parents ont migré plus d'un mois avant. Dès lors il doit parcourir son trajet de manière instinctive.

Peut-on parler d'un sixième sens lorsque aucune raison autre que la transmission génétique ne peut être avancée ? Le domaine des migrations en général reste fort mystérieux et controversé. De nombreux chercheurs travaillent sur le sujet, sans pouvoir donner une explication définitive dans l'intrication entre la génétique, les différents sens dits classiques (comme l'odorat, la vision et l'audition en infrasons connus chez le pigeon voyageur, espèce facile à étudier, qui s'en sert pour se diriger et se localiser lors de ses déplacements, surtout en fin de course) et des sens pour nous étranges, des facultés qui nous manquent ou que nous avons perdues.

On sait ainsi que, pour suivre la bonne direction, certains migrateurs utilisent la position du soleil et peuvent modifier leur trajectoire par rapport à ses rayons. D'autres oiseaux qui volent de nuit, tels certains petits passereaux comme les bruants indigo, se dirigent à l'aide des étoiles et en particulier l'étoile polaire de l'hémisphère Nord. Certaines espèces recourent aux lignes du champ magnétique terrestre ou à leurs horloges internes...

Il n'en demeure pas moins que le comportement migratoire reste de nature instinctive. Il est inscrit dans le capital génétique et les oiseaux se le transmettent de génération en génération. En cela donc le coucou gris, même s'il paraît surdoué, n'est pas un exemple isolé. Chez beaucoup d'espèces aviaires, les jeunes ne restent pas avec leurs parents une fois sortis du nid. Avant de s'envoler vers d'autres rivages ils vont, pendant que leurs géniteurs recommencent souvent une autre couvée, explorer les environs de leur site de naissance pour le mémoriser. Rien n'empêche donc notre coucou de faire comme les autres et d'étudier non seulement son lieu mais son espèce d'origine... pour revenir l'année d'après les parasiter à nouveau !

Sinon, on risquerait un jour de ne plus rien entendre dans la forêt lointaine.

Comment la tortue luth trouve-t-elle ses routes en mer ?

Quand on pèse en moyenne quatre cents kilos et au maximum neuf cents, qu'on est une tortue démunie de griffes donc de « méchanceté » – tout au moins de défense –, il vaut mieux vivre dans l'eau : rapport qualité-prédateur on leur échappe plus facilement, on « plane *cool* » grâce au principe d'Archimède. En gros, on flotte plus aisément. La tortue luth, l'une des huit espèces de tortues marines, vit en pleine mer (dans tous les océans) et ne s'approche des côtes que pour pondre ou chasser. C'est une spécialiste de l'apnée qui pourrait en remontrer au champion du *Grand Bleu*, puisqu'elle peut parfois plonger à près de mille mètres ou ne pas respirer pendant près de dix minutes à soixante mètres de fond. Par ailleurs, pour manger poissons, crustacés, mollusques, éponges et autres méduses (chacun ses goûts), il faut non seulement avoir du coffre mais se déplacer sans cesse pour trouver sa pitance.

Attention, quand on parle migrations, on pense presque toujours aux oiseaux. Prenons pour exemple une région comme l'Alsace, laquelle entretient tout un folklore à l'égard de ses cigognes porte-bonheur qui arrivent à la belle saison pour nicher sur les cheminées. Pourtant beaucoup d'animaux migrent aussi dans l'eau, et parmi eux les plus gros, tels des mammifères imposants comme les baleines, ou des reptiles comme les tortues marines, connues pour leurs phénoménales pérégrinations. Il faut bien se reproduire !

La migration est souvent définie comme le fait d'effectuer des voyages réguliers entre deux régions : l'une qui représente une zone d'hivernage et d'alimentation, l'autre de reproduction. Mais il existe en fait une multitude de variations dans ce qu'on appelle le « schéma migratoire ». Certains animaux effectuent ce voyage de manière cyclique ; c'est par exemple le cas de l'hirondelle que nous connaissons tous et qui arrive dans nos régions pour, croit-on, annoncer le printemps. Elle ne repartira qu'à la fin de l'été. D'autres effectueront un voyage migratoire une seule fois dans leur vie. C'est le cas déjà discuté du saumon ; une fois revenu dans sa rivière natale pour frayer, il a de grandes chances d'y mourir. Ce sera donc la génération suivante qui effectuera le voyage retour. Autres variations dans la distance parcourue par nos voyageurs : on dit que le plancton « migre » d'une profondeur à une autre de l'océan selon les saisons, mais il ne parcourt que des centaines de mètres alors que nombre d'animaux accomplissent des milliers de kilomètres. À chacun ses limites. Dès lors il n'existe pas une seule forme de migration, et sa vraie définition devrait être « un déplacement d'un endroit à un autre ».

Le rythme des migrations, lié aux ressources disponibles, a toujours intrigué l'homme. Ainsi le périple de la tortue luth ne quittant l'eau que pour venir enterrer ses œufs dans le sable des plages qui l'ont vue naître (mais lorsqu'elle est mature, une dizaine d'années après) a évidemment donné lieu à de nombreuses supputations. D'autant qu'elle vient, tradition familiale oblige, y abandonner ses petits. Aussitôt ses nombreux œufs déposés, jusqu'à cent cinquante, elle va reprendre sa route maritime vers des zones où la nourriture abonde. Certains ont été jusqu'à prétendre qu'elle en pleure (probablement une simple sécrétion de larmes due à un excès de sel). Peu importe après tout pourquoi les larmes ont été versées par cette aventurière : elle a pleuré et cela suffit à nous émouvoir.

Quant à l'accouplement, il est tout aussi mystérieux. On ne sait si ces animaux sont monogames – en somme fidèles pour la vie, nageant d'une même palme et d'un même cœur – ou, ce qui semble plus probable, si un mâle s'accouple avec plusieurs femelles au cours de la même saison. On sait tout juste avec certitude que « l'acte » décisif pour la reproduction a lieu dans l'eau, en bordure des côtes, le mâle ne mettant plus jamais la patte sur le sol natal au cours de sa vie. Le syndrome du marin !

Si la vie des adultes reste énigmatique en dehors de la période de ponte, celle des juvéniles a été très étudiée ; la sortie des petites tortues complètement formées (d'à peine trente à cinquante grammes chacune) s'élançant toutes dans un même effort vers la mer est un spectacle très prisé des spécialistes et autres producteurs de documentaires animaliers avides de suspense. Pourquoi cet engouement ? L'appel du grand large est inné chez cette espèce. Alors, juste quelques dizaines de mètres à parcourir avant de rejoindre l'océan, a priori cela n'a rien d'excitant... Sauf que c'est sans compter le danger qui croît à chaque seconde passée sur la plage ! Les bébés tortues représentent en effet des proies idéales et faciles pour tous les carnivores, qu'ils soient à plume, à poil ou à écaille. Renards ou autres petits chacals, rapaces, oiseaux de mer, lézards, crabes même, ce sera à qui gobera un maximum de chair fraîche. Elles courent, elles courent, les petites martyres. Hélas, beaucoup tomberont au champ d'honneur, sous la dent, la griffe ou le bec des carnassiers qui les guettent.

Les quelques élues qui ont réussi à échapper aux ultimes attaques des prédateurs sanguinaires vont dans un dernier effort se jeter à l'eau, dans cette mer nourricière si lointaine pour elles. Plus volontiers crépusculaires voire nocturnes pour leur première sortie, on sait qu'elles sont attirées par la luminosité, probablement la lumière du soleil couchant ou des étoiles qui se reflètent dans l'eau. Après leur premier bain de mer, on les perd de vue et elles vont disparaître des années durant avant que, devenues femelles adultes, elles reviennent se traîner sur ce sable qui les a vues naître pour y enfouir leur trésor, leur future progéniture. Une véritable odyssée, car on ne connaît pas vraiment leurs itinéraires. Il semble qu'elles parcourent d'immenses distances pour se familiariser avec leur territoire. Partir au loin est une chose, encore faut-il savoir où l'on se rend... Si des études ont montré qu'elles se dirigeaient de prime abord grâce à la lumière, d'autres ont aussi prouvé l'importance du champ magnétique terrestre. En laboratoire, des tortues juvéniles ont été isolées dans un bassin « magnétisé », sans lumière. Au bout de quelques minutes, après avoir été désorientées, elles se sont brusquement rassemblées pour nager vers ce qui représentait le grand large. Quand on inversait le champ magnétique, les tortues changeaient aussitôt de direction.

Qu'est-ce que le champ magnétique terrestre ?

La Terre possède un noyau très riche en nickel et en fer, situé à plus de neuf cents kilomètres sous nos pieds. Ces métaux très conducteurs, associés au mouvement de rotation de la planète sur elle-même, sont à l'origine d'un champ magnétique. La Terre est ainsi assimilable à un aimant géant dont l'axe est proche de celui qui relie les deux pôles géographiques.

Ce n'est pas la première espèce pour laquelle les chercheurs invoquent les champs magnétiques terrestres en matière de migration. En effet de nombreux oiseaux, tels le rouge-gorge ou le pigeon voyageur, posséderaient un organe sensoriel (au niveau du cerveau) capable de détecter l'inclinaison du champ magnétique terrestre. Mais, nous l'avons vu, beaucoup de volatiles se dirigent également grâce au soleil, aux étoiles, aux infrasons, à l'odeur, à la vue. Cet aspect multi-sensoriel existe probablement chez nos tortues !

Comme chez les saumons, l'odorat et peut-être même le goût ont été évoqués. Certains composés chimiques naturels de l'eau autour de leur plage natale seraient plus concentrés qu'en pleine mer, et les tortues pourraient les identifier à plusieurs centaines de kilomètres. La vue est moins souvent abordée, car les adultes semblent assez myopes. Plus probante, et plus logique quand on passe sa vie dans les bains de mer, l'hypothèse d'un repérage de la direction des vagues. En l'absence de champ magnétique, les jeunes tortues s'orientent automatiquement face aux vagues, même si celles-ci les ramènent sur les côtes.

Mais comme rien n'est simple chez ces invraisemblables bestioles, les adultes ne semblent pas se diriger ainsi, puisque la plupart de leurs routes maritimes ne sont pas perpendiculaires à la direction des vagues. À l'inverse la houle, qui reflète certains phénomènes physiques constatés sur de longues périodes et une immense étendue d'eau, pourrait être un bon indicateur de navigation. La direction de cette houle peut en effet révéler les conditions atmosphériques qui règnent à des centaines de kilomètres de là. Souvenons-nous d'ailleurs que c'est grâce à celle-ci qu'autrefois les pêcheurs polynésiens s'orientaient lors de leur long périple, même si ces systèmes et facultés sensorielles sont désormais surannés et remplacés par les outils de la technique moderne.

Enfin, dans certains cas, on pense que nos exploratrices utilisent le contre-courant circulant sous la surface de l'eau, placé juste en dessous de celui qui les a emportées lors de leur premier voyage, comme si ce dernier était définitivement inscrit dans leur « mémoire collective ».

Vous êtes quelque peu déboussolés à la lecture de ce chapitre ? Rien d'étonnant à cela, puisque vous n'êtes pas des tortues ! Dans tous les cas, ne vous inquiétez pas pour ces délicieux reptiles « caparaçonnés » : eux ne risquent pas de perdre le nord. Ils ont mis des millions d'années d'évolution à peaufiner un système d'orientation unique au monde, et ce n'est pas parce que nous, les hommes – désormais quasi sédentaires depuis quelques milliers d'années –, nous n'y comprenons rien que les tortues vont s'arrêter de faire le tour de la planète. Et même si ledit système est fréquemment entravé par nos bateaux ultrasophistiqués, souvenez-vous de la fable intitulée *Le Lièvre et la Tortue*.

Au vu de cet exposé, on doit bien sûr se poser la question du fameux sixième sens de nos très rares chats ou chiens qui parcourent des milliers de kilomètres pour retrouver soit leurs maîtres, soit la maison qu'ils ont quittée contraints et forcés par le déménagement de ces derniers. Par malheur, l'immense majorité des animaux perdus le sont définitivement. Depuis que nos compagnons domestiques sont clairement identifiés par des tatouages indélébiles ou des puces électroniques placées sous la peau, on a déjà constaté que plus de quatre-vingt-dix-huit pour cent des rescapés « reconnus » par leurs maîtres étaient en fait de simples sosies de leur animal favori. On le sait, l'amour rend aveugle. Peu importe d'ailleurs, du moment que le prétendu miraculé est choyé. Si c'était un ASDF, c'est-à-dire un animal sans domicile fixe, le voilà désormais pourvu du gîte et du couvert pour le bonheur de tous. Enfin une histoire qui se termine bien !

Quant aux fort rares petits compagnons qui défraient de loin en loin la chronique animalière par leur voyage fantastique et définitivement prouvé, personne ne peut donner de véritables explications sur leur périple. Nous avons déjà constaté que nos petits amis de compagnie avaient des super sens tels que l'odorat, l'ouïe ou la vue. Par ailleurs ces carnivores, chat comme chien, ont des comportements et des « intérêts » différents, puisque le chat est un animal solitaire plutôt attaché à sa maison-territoire tandis que le chien veut avant tout retrouver sa famille-meute. Aucune de ces deux espèces n'est franchement migratrice de façon systématique et régulière, il est donc peu probable qu'ils aient développé des sens magnétiques, barométriques et surtout génétiques d'orientation exceptionnels.

Ces talentueux et valeureux novateurs ont peut-être eu tout autant de chance que de (sixième ?) sens... Ce qui n'enlève rien à leurs mérites, endurance et exploit ! C'est probablement ainsi qu'ont démarré les premiers hommes, précurseurs inconscients de leur destinée, quand ils ont quitté leur continent natal, l'Afrique, il y a plusieurs millions d'années, afin de conquérir la planète. Peut-être est-ce là un signe révélateur pour nos amis à quatre pattes, s'ils veulent un jour prendre le contrôle de notre Terre ! Souhaitons qu'ils en fassent alors un meilleur usage que certains bipèdes.

Pourquoi les animaux n'ont-ils pas besoin de montre ni de calendrier ?

Métro, boulot, dodo... Le quotidien des hommes est bien rythmé, mais aussi – le métro en moins bien entendu – celui des animaux. Car pour survivre, il faut trimer : lutter contre ces prédateurs qui ne pensent qu'à vous manger, accepter une hiérarchie de groupe si on est social, se bagarrer pour conserver son territoire si on est solitaire, et surtout s'adapter à un milieu souvent hostile et sans cesse changeant.

Pour cela il vaut mieux avoir de la force... et le rythme dans la peau. Pas pour danser, ni chanter comme la cigale, mais plutôt pour bosser telle une fourmi : l'environnement qui influe sur le mode de vie des animaux leur impose en général un rythme de vie donné. « La cigale ayant chanté tout l'été se trouva fort dépourvue quand la bise fut venue... » On n'échappe pas à son destin.

Les rythmes du comportement sont, en général, soit une réaction à ceux de l'environnement, et ce sur une base annuelle ou mensuelle voire quotidienne, soit le produit des rythmes internes de l'organisme. Ils sont constitués d'une suite d'événements répétés à intervalles réguliers et dans le même ordre. Ainsi les migrations forment ce qu'on appelle des rythmes circannuels. Pour éviter de s'exposer au froid et profiter au maximum de la belle saison, certains animaux, nous l'avons vu, effectuent de longs voyages annuels. On ne sait pas bien comment et pourquoi les animaux « savent » quel est le meilleur moment pour ce faire. Il est probable que cela dépend de facteurs extérieurs tels que les changements de température ou la longueur du jour, mais on suppose aussi que les animaux obéissent à l'appel de quelque horloge interne. L'hibernation d'animaux comme la marmotte, le loir et le hérisson répond à la même nécessité de se protéger contre le froid.

Pareillement, la durée du jour entraîne des modifications sur l'aspect de certains animaux qui peuvent soit migrer, soit se dissimuler dans la neige grâce à un nouveau pelage (ou plumage) pour ceux qui resteront sur place. La reproduction est liée elle aussi à un rythme circannuel, l'allongement des jours stimulant l'émergence de coloris et d'apparences nouvelles, ainsi que les parades de nombre d'animaux. Certains, comme les renards ou les visons, vont démarrer leur saison d'accouplement pendant la période de diminution des jours, d'autres lorsque ceux-ci augmentent.

Il est aussi certains animaux qui répondent aux cycles lunaires d'environ vingt-neuf jours et demi. Des vers, que l'on trouve dans les récifs de coraux de l'océan Pacifique, se reproduisent très précisément le premier jour de la dernière phase de la lune, en octobre et novembre. Des poissons de Californie, les grunions, frayent à l'époque des grandes marées ; les œufs fécondés, influencés également par la lune, éclosent à la grande marée suivante. Il est évident que les animaux marins sont plus sensibles au rythme de la lune que du soleil (marées obligent).

Pour nous humains, le rythme le plus probant est évidemment le circadien, celui de l'alternance entre la nuit et le jour. Quels parents n'ont pas constaté le difficile ajustement de la veille et du sommeil alternés, dans un cycle circadien (donc d'environ vingt-quatre heures), chez le nouveau-né, du fait de son passage de l'univers intra-utérin aquatique à l'aérien qui sera désormais son quotidien. Il ne s'équilibrera que seize semaines environ après la naissance... Un détail dans une vie d'humain mais, au final, un merveilleux cadeau (d'après naissance !) pour des géniteurs quelque peu fatigués, qui payent en heures de veille forcées un lourd tribut à leur vie d'adultes.

En fait, chez la très grande majorité des animaux, le rythme d'activité circadien est conçu pour exploiter toutes les opportunités du milieu de vie. Les diurnes, souvent spécialisés dans la vision, se cachent et donc dorment la nuit. Les nocturnes vont les relayer pendant l'obscurité grâce à d'autres sens ultraperfectionnés que nous avons décrits tout au long de ce livre. À chacun son rythme, ses sens, son monde.

Ces fameux rythmes semblent être contrôlés par des mécanismes internes. La génétique est bien sûr invoquée, puisque certains gènes déterminent entièrement le rythme de l'organisme, comme le gène *« clock »* qui a été découvert chez la souris. Il existe des régulateurs biologiques dans le cerveau comme la célèbre mélatonine, une neurohormone sécrétée la nuit par la glande pinéale (située dans le cerveau) et qui « donne la cadence » à notre organisme. On l'utilise pour soigner les insomnies lors des changements de fuseaux horaires ou autres troubles du sommeil.

La température corporelle synchronise aussi fortement notre organisme. Les périodes où elle est plus basse correspondent aux phases de sommeil profond. Cela peut poser de nombreux problèmes pour le travail en « trois-huit » car si les rotations jours-nuits sont trop rapprochées, cette température ne pourra se caler sur la phase d'activité et correspondra à des stades de fatigue et de vigilance moindres. Mais l'organisme humain – ou plus généralement animal – possède une certaine souplesse sur le long terme.

Toutefois, ce mécanisme des horloges biologiques internes conserve en très grande partie son mystère et semble loin d'être résolu, du fait de sa complexité, puisqu'il implique à la fois des facteurs génétiques, biologiques, comportementaux et environnementaux.

Alors en vous couchant, si vous avez une entrevue importante le lendemain, restez prudents : ne vous confiez pas aveuglément à dame Nature et mettez votre réveil... Malgré la chanson, le soleil a rarement rendez-vous avec la lune !

– Épilogue –

« Qu'on m'aille soutenir après un tel récit
Que les bêtes n'ont point d'esprit. »
Jean de LA FONTAINE

Lorsqu'on voit les immenses facultés déjà dévoilées chez les animaux, et quand on songe aux champs d'investigation qu'il reste à explorer, entre autres, dans le domaine des sens (et des sciences !), une fois encore on ne peut que s'émerveiller de la « prescience » du célèbre fabuliste.

Pourtant il est souvent reproché à ce dernier d'avoir trop humanisé les animaux, même si le but était de railler ses contemporains. Que faisons-nous d'autre, en ce début de XXIe siècle ? On « bêtifie » avec des dessins animés ou des films prétendument réservés aux enfants, avec de la publicité qui consomme beaucoup d'animaux empêtrés dans des moteurs de voitures ou du chocolat, on « civilise » à travers des gadgets extravagants destinés au seul usage de nos animaux de compagnie, trop souvent parfumés et habillés comme des dandys...

L'animal est désormais instrumentalisé par notre société de consommation.

En contrepoint, alors que Jean de La Fontaine était obligé de combattre la « vision » de la bête de Descartes (qui n'avait ni émotion ni souffrance puisqu'elle était une simple machine), nous avons enfin accepté l'idée que l'animal possédait un esprit – certes simple chez certaines espèces –, avec ses émotions et ses comportements particuliers. « Esprit » est alors pris au sens d'un ensemble de dispositions et de façons d'agir. Peu importe, c'est déjà un très bon début.

Mais attention pour le commun des mortels, l'animal ne doit pas déroger à la norme humaine et toutes ses actions devront être comparées avec les nôtres : nous avons cinq sens ; en conséquence, s'il réagit différemment de nous, il ne peut qu'en avoir un sixième !

Et pourquoi n'aurait-il pas les mêmes sensations ? Mais dans des gammes, des formes, des utilisations différentes ?

Car c'est là que se situe l'animal : dans la différence de chaque être vivant, ce que nous n'acceptons déjà guère d'homme à homme et que nous refusons à nos amis les bêtes, en particulier à celles que nous avons rapprochées de nous : elles doivent manger et vivre comme nous, dans des assiettes et des maisons proprettes, ne pas salir, ne pas crier, sinon elles seront grondées comme de méchants enfants. Les autres, moutons, vaches, cochons, et autres poules, les qualifiées « de rente », devenues soldats anonymes, seront sacrifiées à nos besoins nutritifs ou vestimentaires. Enfin, les sauvages ne pourront conserver que des pouvoirs secrets, énigmatiques, voire diaboliques.

Car bien des animaux ont longtemps figuré au banc de notre infamie. La preuve : certains même ont été jugés, et cela jusqu'au XVIIIe siècle. (Au moins on leur reconnaissait un esprit. Piètre consolation !) Ceux qui avaient reçu les faveurs du démon, comme le serpent, le crapaud, le bouc, le scorpion et autres araignées, avaient peu de chances de ne pas être exterminés. Tous les animaux noirs, les chats en premier lieu, mais aussi les poules ou les cochons, étaient considérés comme des sorciers et devaient être brûlés. Seuls quelques animaux blancs, tels la colombe ou le mouton, échappaient toujours à la vindicte populaire...

Reconnaissons-le, l'homme n'a jamais accepté la part animale qui est en lui. Il a privilégié l'intelligence et abandonné ses sens aux domaines de l'affectif et de l'émotion. Pourtant les progrès scientifiques qui ont été réalisés ces dernières années, en particulier dans le domaine de la génétique ou de l'évolution, prouvent sans ambiguïté notre forte intrication et cousinage avec ces animaux qui, eux, ont su conserver leurs bons sens.

Paradoxalement, nous nous distinguons des bêtes par la raison, la connaissance, l'écrit, le parler, le pouvoir d'abstraction, la science, la religion, la culture... Tout ce qui fait l'Homme, et grâce à quoi il a enfin pu retrouver ses origines animales. Eh oui, que ce soit dans le domaine du très ancien, la paléontologie, ou dans celui du futur, la recherche des gènes et de l'ADN, tout concorde. Nous sommes bien issus de la grande famille animale.

Nos études et connaissances nous ont donné les moyens et le pouvoir de réfléchir avant d'agir, même si le résultat escompté n'est pas toujours celui que nous souhaitions. Aussi est-il étrange qu'un être aussi doué que l'homme sur le plan intellectuel s'obstine à replonger systématiquement dans les contes et légendes de son enfance, ou autres mythes supranormaux, pour expliquer ce qui l'entoure, lorsqu'il ne perçoit ni ne comprend quelque chose.

C'est particulièrement vrai dans les domaines touchant aux animaux, qui rappellent sans doute trop à l'humain d'où il vient. Pourtant il est temps que l'*Homo sapiens* – l'homme sage, puisque c'est ainsi qu'il s'est nommé, mettant l'accent sur son intellect – applique la conscience de ses origines dans toutes les disciplines. D'autant que cela ne lui a pas si mal réussi.

Ces deux derniers siècles ont été un formidable tremplin pour l'essor des sciences et des nouvelles techniques qui en sont issues. Mais le non-initié accepte plus facilement de ne rien comprendre au système d'orientation ou à la mécanique d'un avion qu'à la façon de se diriger ou de voler d'une oie (bête par excellence !) en migration. L'idée ne viendrait à personne de penser que l'Airbus qui le survole trouve son chemin grâce à un sixième sens ! Y a-t-il un pilote dans l'avion ? Oui, même s'il peut être automatique. Y a-t-il une cervelle dans l'oiseau ? Naturellement !

Il est vrai que les sens humains, nous l'avons vu, sont fort limités par rapport à ceux des animaux qui explorent bien d'autres univers sensoriels que le nôtre, et qui les utilisent de manières différentes. À chacun sa spécificité. Il est vrai que nous ne pouvons pas prétendre nous diriger par écholocation en émettant des ultrasons, mais nous avons inventé les radars. Nous avons beau savoir, grâce à Galilée entre autres, que la Terre tourne sur elle-même, nous ne sentons pas le champ magnétique que, de ce fait, elle produit. Si tous les hommes se laissent pousser de longues moustaches, cela ne leur permettra pas pour autant de mieux se diriger dans l'obscurité totale... Sommes-nous pour cela moins que des bêtes ? Devons-nous leur inventer des sens extranaturels, voire extraterrestres pour masquer si ce n'est notre humiliation, du moins notre méconnaissance ? Le plus malin, pour l'animal doué de raison que nous sommes, est de continuer à étudier le comportement tout à fait naturel de ces êtres sensibles et « sensés » qui nous entourent, et que nous devons protéger, afin de pallier notre ignorance et d'en tirer les leçons.

– Bibliographie –

ARTHUR L. et LEMAIRE M., *Les Chauves-souris maîtresses de la nuit*, Éd. Delachaux et Niestlé, 1999.

BAKER Robin. *Les Mystères de la migration*, Éd. du Fanal, 1980.

BAUCHOT Roland (sous la direction de), *Grand guide encyclopédique des serpents*, Éd. Artémis, 1999.

BESSANT Claire, *Un chat dans la maison*, Éd. Nathan, 2000.

BURNIE David (sous la direction de), *Le Règne animal*, encyclopédie universelle, Éd. Gallimard, 2002.

DUNBAR Robin et BARETT Louise, *Planète singe, nos cousins les primates*, Éd. Bordas, 2000.

ELPHICK Jonathan (sous la direction de), *Atlas des oiseaux migrateurs*, Éd. Bordas, 1996.

FLORENT Jacques, GARNIER Yves et MATHIVET Éric, *Encyclopédie Larousse de la Nature*, Éd. Larousse, 1992.

GAMLIN Linda et VINES Gail (sous la direction de), *La Vie : développement et mécanismes*, Éd. France-Loisirs, 1988.

HALLIDAY Tim (sous la direction de), *Le Comportement animal*, Éd. Nathan, 1994.

Macdonald W. David et Barrett Priscilla, *Guide complet des mammifères de France et d'Europe*, Éd. Delachaux et Niestlé, 1993.

Morris Desmond, *Les Animaux révélés*, Éd. Calmann-Lévy, 1990.

Ouvrage collectif, *L'ABCdaire des cinq sens*, Éd. Flammarion, 1998.

Ouvrage collectif, *Les Secrets de la nature*, Éd. Bordas, 1994.

Ouvrage collectif, *Pas si bêtes ! Mille cerveaux, mille mondes*, Éd. MNHN, Nathan, 1999.

Pour la Science n° 302, « Spécial cerveau », 2002.

Rousselet-Blanc Dr (sous la direction de), *Larousse du chien, Comportements, soins, races*, Éd. Larousse, 2000.

Science & vie junior, hors série n° 23, « La couleur », 1996.

Sciences & avenir, hors série n° 119, « Comment les animaux voient le monde », 1999.

Shuker Karl, *Les Pouvoirs secrets des animaux*, Éd. Larousse, 2002.

Teyssedre Anne, *L'Orientation des animaux, Méthodes et mécanismes*, Éd. Nathan, 1993.

Tillier Simon (sous la direction de), Encyclopédie du règne animal A à Z, Éd. Bordas, 1992.

Vigerie Patricia, *La Symphonie animale, Les animaux dans les expressions de la langue française*, Éd. Larousse, 1992.

Whitehead Sarah et Cuddy Beverly, *Un chien au quotidien*, Éd. Nathan, 2000.

Zdarek Jan, *La Communication chez les animaux*, Éd. Gründ, 1989.

TABLE DES MATIÈRES

Direction d'ouvrage
Huguette Maure

Assistée de
Sophie Renoul

Impression réalisée sur CAMERON par

BRODARD & TAUPIN

GROUPE CPI

La Flèche

pour le compte des Éditions Michel Lafon
en février 2006

Imprimé en France
Dépôt légal : février 2006
N° d'impression : 34335
ISBN : 2-7499-0404-8
LAF : 735